FAMÍLIA VIAGEM **GASTRONOMIA** MÚSICA CRIATIVIDADE
& OUTRAS LOUCURAS

O LIVRO DE RECEITAS OFICIAL

ESCRITO POR KARA MICKELSON

TRADUÇÃO
ADRIANA KRAINSKI

Sumário

INTRODUÇÃO 7

GRÃOS MÁGICOS 8
O básico do café 9
Guia básico de proporção de bebidas 11
Termos básicos 12

EQUIPAMENTOS BÁSICOS NECESSÁRIOS 14
Máquinas de espresso 15
Utensílios para filtrar café 15
Outros equipamentos 16
Conversões culinárias 19

AMIGOS COMPARTILHAM 20
Dicas & glossário culinário da chef Monica 20

RECEITAS BÁSICAS 25
Café extraído a frio 26
Calda de caramelo salgado 26
Calda de açúcar básica 27
Piadina básica 28
Cobertura de creme de manteiga 29
Ganache básica 29

PONTO DE VISTA MUUU 30
Leite de castanhas e leites aromatizados 30
Leite de avelã e aveia 31
Leite de cereais e biscoitos 32
Creme doce básico 33
Creme de coco 33
Espuma de queijo básica 34
Espuma de queijo com mel 34
Creme batido 35
Recheio de caramelo 35

BEBIDINHAS E INFUSÕES 37
Suco detox do Chandler 38
Milk-shake de "Mocolate", biscoito de manteiga de amendoim e caramelo da Monica 39
Macchiato de leite de coco com ube da Phoebe 41
Smoothie de morango londrino do Joey 43
Latte batido com especiarias da Monica 45
Lassi do amor com manga e especiarias do Guru Saj da Phoebe ... 46
Latte de lavanda e chá de hortelã do Chandler 47
Reforçador de imunidade "não estou doente!" da Monica 48
Chai com leite e maçã da Phoebe 49
Chá de sangria de maracujá da Rachel 51
Chá com leite e pobá da Julie ao estilo Hong Kong ... 53
Café Havana do sr. Geller 54
Latte fogoso de gengibre melhor que o "terceiro mamilo" do Chandler ... 57
Chá de flor da fada azul com limão da Phoebe 59
Chá gelado tailandês para quem odeia a Rachel 60
Latte do blecaute da Rachel 61
Café affogato do Paolo 62
Cappuccino com espuma de hortelã da ladra do jingle da Phoebe ... 63
Macchiato de matchá salgado com "lágrimas" da Rachel 64
Café extraído a frio com coco, escuro & tempestuoso do Ross ... 65
Café extraído a frio com creme de baunilha da Rachel 67

MIMOS MATINAIS 69
Sanduíche de gouda defumado do café da manhã do Chandler 71
Panquecas voadoras com frutas silvestres do Joey 73
Petiscos espertos para o café da manhã de Chandler e Joey 75
Panna cotta de coalhada com mel e flor de morango da Monica 77
Cinnamon rolls da fantasia do Ross com a princesa espacial 79
Mingau "Barry traíra" de aveia e chia com frutas da Rachel 81
Sanduíche de rabanada na máquina de waffle da Rachel para o Pé Grande 83
Muffins de banana e café com espirro do Joey 85
Scone "meu scone" com creme azedo do Chandler 87

Tortinhas de frutas com canela e
glacê de leite de cereais do Ross 89
Pain au chocolat laminado e perfeito da Monica 91

MIMOS DO MEIO-DIA.. 97
Biscoitos de cheddar e alecrim
da árvore de Natal resgatada pela Phoebe..................... 99
Mix de frutas secas & sementes
adoçadas iradas do Eddie 100
Sanduíche da maldade no barco do Joey 103
Pastrami da promessa do Joey...................................... 105
Bolinhas de *mac and cheese*
e do rato na toca do Gunther 107
Sanduíche safado de salada da Monica........................ 109
Pretzels para o Ross enrolar e ficar bem na foto 110
Legumes crus com molho
misterioso do Ross para a garota suja........................... 112
Chips perfumados com alecrim,
parmesão e azeite trufado do Joey................................ 113

MIMOS PARA O LANCHE 115
Piadina na chapa com legumes grelhados da Rachel...... 116
Bolinhos de batata *muy buenos* da Rosita 118
Corn dogs com molho papaya
do relatório Wenus do Chandler 121
Sanduíche de peru com aioli cajun do Ross 123
Sanduíche "não seja invejoso!"
de peixe na piadina do Joey... 125
Pizza roll do sr. Treeger no ritmo de Nova York 127
Wraps de salada Cobb com camarão grelhado
da Rachel para uma gorjeta em dobro 129

DOCES PARA QUEM NÃO
ESTÁ DANDO UM TEMPO.. 133
Donuts com flocos açucarados e
cobertura de leite de cereais do Gunther 135
Crocante de manteiga "bronzeada"
e marshmallow tostado do Ross.................................... 137
Quadradinhos de cheesecake
nova-iorquinos do Chandler 139
Bolinhos financier matadores do Pete........................... 141
Biscoitos de manteiga de amendoim
e geleia em formato de colher do Joey 143
Bolo de caneca com café espresso
e chocolate da Phoebe 145
Biscoito amanteigado de chá Earl Grey da Emily 147
Bolo de camadas no palito do casamento do Ross 148

Bolas e mais bolas de trufas de chocolate 151
Biscoitos glaceados em formato
de coelhinho da Rachel.. 153
Cookies Chipper/Chopper gigantes
de chocolate e nozes da Monica 155
Tortinha de frutas e eggnog da Phoebe 157
Barrinhas famosas do Ross e do Marcel........................ 159
Bolo de cabeça para baixo do Ross............................... 160
Barras bigodudas de merengue
tostado do Richard e da Monica.................................... 163
Brownies do pacote vazio do Joey................................. 165
Cupcakes de chai com maçã da Rachel 167
Maçã caramelada perfeita da Monica 169

Introdução

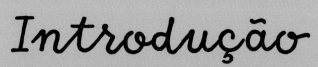

Embora muitos lugares icônicos e superconhecidos apareçam ao longo das dez temporadas de *Friends*, há algo de especial e reconfortante no Central Perk, a cafeteria onde os personagens costumam se encontrar. É uma casa longe de casa, um lugar acolhedor e caloroso onde a turma se reúne para tomar uma saborosa xícara de café e passar um tempo junto. É onde Rachel consegue o primeiro emprego, onde ela e Ross têm seu primeiro beijo romântico e onde os amigos zoam Chandler por sua entonação de voz. Esses momentos são sempre acompanhados de uma xícara de café, um latte ou um muffin de mirtilo.

Ao refletir sobre a atual cultura do café, é curioso ver o quanto dela pode ter sido inspirada pelo Central Perk. Muitos de nós compartilhamos os momentos bizarros, engraçados, tristes e alegres das vidas dos personagens, que muitas vezes se assemelham às nossas vidas em diferentes aspectos. Hoje em dia, café e cultura são duas coisas inerentemente interligadas, seja nas cafeterias de bairro, nas cidades ao redor do mundo ou na mesa da nossa cozinha.

As fortes conexões sociais que cultivamos com café, petiscos e doces podem ser o motivo da paixão pelo café ter perdurado e evoluído ao longo dos anos. Das cafeterias turcas no início do século 16 aos salões europeus de entretenimento intelectual e atividades artísticas, locais dedicados à reunião e socialização enquanto se saboreia uma infusão deliciosa não são novidade.

Dos primórdios modestos, como latte, café com leite e cappuccino, avançamos para desfrutar de matchá, espumas exuberantes de chantilly, leites alternativos de vegetais e castanhas, caldas extravagantes, cafés extraídos a frio, bubble tea (chá de bolhas), hortelã com lavanda e até bebidas roxas de batata-doce. Hoje não estamos viciados apenas em cafeína, açúcar e nos práticos lanches para viagem; ainda ansiamos pela conexão familiar que cafeterias e locais como o Central Perk inspiram. Ainda adoramos aquela "coisa" capturada pela série. E o que exatamente é essa "coisa"? Talvez o simples compartilhamento, a conexão e a famosa "pausa para um café", que funciona como uma cura para todos os males.

Uma deliciosa xícara de café não ajuda apenas a encarar o dia. É uma forma de desacelerar, parar para fazer um balanço da situação e saborear o momento. Daquele primeiro gole perfeito pela manhã à turbinada do meio-dia ou à impulsionada tarde da noite, o café é um aceno a algo sutil, mas significativo. O pretexto é aquela sensação de "vamos lá, vamos lá, vamos lá", mas a verdadeira solução é largar de mão e dar um tempo.

Com as modernas ferramentas de comunicação, a maioria de nós está conectada 24 horas por dia, 7 dias por semana. Minha esperança é que este livro de receitas crie oportunidades para passarmos um tempo com amigos, para compartilharmos e ampliarmos as conexões mais profundas e mais pessoais que tanto desejamos para além da tecnologia da qual somos tão dependentes. Essas conexões são o coração pulsante das cafeterias, bem como do café em casa. São o que mantém vivo o costume.

Estas páginas estão repletas de bebidas personalizadas, tanto frias quanto quentes, algumas com ingredientes exóticos, além de bolos, tortas, lanches e doces, tudo feito com cuidado e propósito, convidando-o a abrir um espaço no seu dia para algo reconfortante e quem sabe até para alguma novidade, sempre celebrando momentos adorados de *Friends*.

Explore as receitas deste livro com o mesmo entusiasmo e empolgação dos vinte e poucos anos que Rachel, Monica, Phoebe, Ross, Chandler e Joey tinham pela vida – o entusiasmo que nos atraiu para a série. Do outro lado de cada aventura culinária, nossos amigos de verdade vibram conosco e nos apoiam em todos os nossos grandes ou pequenos esforços. As histórias que criamos juntos suavizam os momentos mais duros da vida e tornam cada dia inesquecível. Seja um momento de "acertar em cheio", um feliz acaso ou um grande sucesso, transforme cada receita deste livro em uma forma divertida de se recompensar, compartilhar, lembrar, construir novas histórias e criar memórias para saborear.

Quando abrimos nossa casa e nossa cozinha, seja para fazer uma bebida para alguém ou para planejar uma noite de jogos, uma noite das garotas ou um encontro de amigos, essas receitas podem ser usadas da forma como estão escritas ou, se você for um chef como a Monica, como base para uma criação personalizada. Seja destemido – como Rachel –, se jogue e divirta-se.

{ GRÃOS MÁGICOS }

O que é necessário para fazer a infusão perfeita?

É uma pergunta complicada, com uma quantidade excessiva de informações a ser percorrida antes de se obter uma resposta satisfatória. Sem correr o risco de se atrapalhar, como Ross ao tentar a duras penas explicar o que é unagi – de forma incorreta, devo acrescentar –, é melhor se ater ao básico quando se trata das receitas deste livro. Mergulhar no mundo do café pode facilmente levá-lo a um buraco sem fundo de informações, por isso reunimos aqui alguns termos básicos e um guia de proporção de bebidas para você começar.

O BÁSICO DO CAFÉ

Quando se trata de café, dominar alguns poucos elementos-chave é o primeiro passo para o sucesso. O espresso é indispensável, já que a maioria das bebidas especiais com café utiliza o espresso como base. Um café coado funcionará bem para as receitas de cafés compostos ou gelados deste livro. Se você não tiver uma máquina de cápsulas ou uma cafeteira chique para espresso, um pequeno investimento em uma cafeteira italiana de fogão o ajudará a obter o resultado desejado sem ir à falência. Há também algumas opções de espresso em pó que você pode usar como quebra-galho.

ESPRESSO

O espresso é um tipo de café muito concentrado com um método de extração eficiente que expõe à água uma maior área de superfície dos grãos de café. Uma dose padrão de espresso tem de 30 a 45 ml, em comparação a uma xícara padrão de 240 ml de café filtrado. São necessários de 25 a 30 segundos para tirar uma dose de espresso. O método de preparo do espresso utiliza uma máquina que faz passar água pressurizada quase fervente (90°C a 96°C) por grãos de café bem compactados e finamente moídos. Aqui o importante é a técnica, que tradicionalmente começa com uma torra mais longa dos grãos em comparação à dos grãos para café coado. Mas o espresso pode ser feito com qualquer tipo de grão de café, desde que moído na textura fina adequada. O impacto da cafeína do espresso depende do tamanho da dose e da velocidade em que é consumida. Uma dose padrão de espresso tem menos cafeína do que uma xícara de 240 ml de café filtrado. Embora seja chamada de dose, trata-se de uma bebida a ser saboreada em pequenos goles. Uma dose preparada corretamente terá uma *crema*, uma camada de espuma cremosa cor de caramelo por cima.

INFUSÃO A FRIO

O café extraído a frio é feito a partir de grãos de moagem grossa (quase da consistência de areia grossa ou farinha de rosca) que ficam em infusão em água fria ou em temperatura ambiente por 12 a 24 horas.

CAFÉ FILTRADO

Feita à mão, essa é uma técnica precisa e refinada em que a água é despejada sobre o café moído. A técnica proporciona maior controle do que uma cafeteira elétrica doméstica. Os especialistas preferem o pleno controle que esse método lhes dá para chegarem à infusão perfeita. É um processo de infusão mais longo, mas resulta em notas gustativas mais complexas do que as obtidas em uma cafeteira elétrica doméstica. O método de prensagem a frio também pode ser feito utilizando-se uma técnica de filtragem modificada.

GUIA BÁSICO DE PROPORÇÃO DE BEBIDAS

Estude este guia básico de proporção de bebidas como Joey estuda suas falas. Nem todos os cafés listados abaixo estão incluídos nas receitas deste livro, mas, como barista em sua própria cafeteria, você pode ficar à vontade para inventar as próprias criações.

ESPRESSO (SOLO)
Uma dose de espresso servida em uma xícara para espresso ou uma xícara para cafezinho.

ESPRESSO DUPLO (DOPPIO)
Duas doses de espresso servidas em uma xícara para espresso.

CAFÉ MACCHIATO
Uma dose de espresso, um pouquinho de leite vaporizado (30 a 60 ml) e espuma. Basicamente, é um espresso simples ou duplo com uma pequena quantidade de leite vaporizado e uma colherada de espuma de leite por cima.

LATTE OU MACCHIATO LONGO
Duas doses de espresso, um pouquinho de leite vaporizado e espuma. A dose é despejada sobre o leite vaporizado, criando um desenho no centro.

RISTRETTO
Uma dose de espresso com metade da quantidade de água, deixando-o mais concentrado.

ESPRESSO RED EYE
Uma dose de espresso adicionada ao café filtrado. Popular antes do espresso duplo se tornar o padrão.

ESPRESSO LONGO
Espresso tirado diretamente sobre a água para manter a *crema*. Contém cerca de 90 a 120 ml de água para uma ou duas doses de espresso.

AMERICANO
Semelhante ao espresso longo, mas é colocado antes da água. Tradicionalmente contém de 180 a 350 ml de água.

LATTE CLÁSSICO
Uma ou duas doses de espresso, leite vaporizado com espuma em cima, mas menos espuma e mais leite vaporizado do que no cappuccino ou no latte macchiato.

CAPPUCCINO
Uma dose de espresso, leite vaporizado e o dobro de espuma de um latte. Geralmente é composto de um terço de espresso simples ou duplo. A proporção é um terço de leite vaporizado, um terço de leite espumoso e um terço de espresso.

CAFÉ COM LEITE
Uma ou duas doses de espresso, leite vaporizado, mas sem espuma.

MOCHA
Uma dose de espresso, chocolate em pó, leite vaporizado e espuma extra.

AFFOGATO
Uma bola de sorvete de baunilha, uma ou duas doses de espresso por cima e licor italiano opcional (como amaretto ou Frangelico).

TERMOS BÁSICOS

Este glossário vai ajudá-lo a ficar por dentro e a tirar um bom café, como Rachel. Talvez você até consiga ser promovido a barista-chefe da cafeteria, como Gunther.

TEMPERATURA DE EXTRAÇÃO
O consenso é de que o espresso deve ser extraído com a água a uma temperatura entre 90°C e 96°C para se obter o melhor resultado.

TEMPO DE EXTRAÇÃO
O tempo de extração é um indicador de uma boa dose de espresso. É calculado a partir do momento em que se inicia a extração até o fim da ação. O espresso tradicional leva de 25 a 30 segundos para ser extraído.

EXTRAÇÃO
Extração é o ato de tirar uma dose de espresso. Lembre-se do ato de puxar a alavanca de uma máquina de espresso tradicional. Atualmente, basta apertar um botão para o processo começar, embora o termo "extrair" ainda seja usado para descrever a ação de fazer um espresso.

CREMA
A *crema* é a camada de espuma cremosa de cor caramelo na parte superior de um bom espresso. A *crema* é criada pela dispersão de gases no líquido a uma alta pressão. O líquido contém óleos emulsionados que formam a camada de *crema*.

DOSAGEM
Refere-se à quantidade de café moído usada para produzir uma dose de espresso, geralmente 7 g para 30 a 45 ml em uma dose única de espresso.

ESPUMA
A MICROESPUMA é composta de centenas de milhares de bolhas minúsculas de leite vaporizado, despejadas por cima de um espresso simples ou duplo. Ela agrega uma textura sedosa e aveludada. O leite aquecido entre 60°C e 65°C é um delicioso complemento para um café forte, cortando o amargor. É usado em latte art, lattes e cappuccinos.

A ESPUMA DE LEITE é batida para criar uma camada de bolhas superfinas, gerando uma textura aerada, podendo ser fria ou quente. A espuma de leite é aerada, como creme de barbear. A textura aerada e mais seca da espuma de leite é usada para fazer lattes, cappuccinos e macchiatos, deixando-a flutuar por cima do leite vaporizado e do espresso.

LEITE VAPORIZADO é uma microespuma mais pesada, aveludada e cremosa (como sorvete derretido).

MOAGEM
O tamanho do grão de café é relevante para o produto final desejado. Para o espresso utiliza-se moagem fina, enquanto o café extraído a frio requer uma moagem bem grosa.

12 | GRÃOS MÁGICOS

Equipamentos Básicos Necessários

Se você estiver se perguntando: "Será que dou uma de Rachel e estouro o limite do cartão de crédito para fazer um café gostoso?", a resposta curta é não. Infelizmente, porém, não existe uma opção que sirva para tudo, como o Milk Master 2000 exibido por Joey naquele comercial de TV. Alguns utensílios e equipamentos funcionam melhor do que outros. Simplificando, para a maioria das receitas de café você precisará fazer uma base de café (quase sempre um espresso duplo) e usar utensílios como um espumador para espumar o leite ou seu substituto, ou um mixer de imersão para produzir outras coberturas doces e cremosas para uma bebida especial.

Uma máquina de cápsulas fará um bom espresso sem abrir um rombo na sua conta bancária. Uma cafeteira italiana de fogão também funcionará, embora faça um café passado extraforte que não é considerado um espresso de verdade. O espresso em pó também pode ser usado como quebra-galho. O equipamento para café extraído a frio ou café passado com gelo como base para bebidas geladas com cafeína talvez já esteja no seu armário. Se você não tiver o equipamento necessário, quem sabe algum amigo possa emprestar.

Aperfeiçoar as habilidades com o leite é uma parte muito importante da produção de um café ou chá especial. Embora existam muitas opções para ajudá-lo a fazer uma bela camada de espuma, alguns utensílios funcionam melhor do que outros para se obter aquela textura sedosa e aveludada. Sinta-se à vontade para misturar as técnicas de trabalhar com o leite pedidas em cada receita. Use uma das proporções básicas (ver página 11) de cafés especiais como guia. É fácil transformar um latte em cappuccino ou macchiato. Muitas bebidas quentes podem ser transformadas em bebidas frias e vice-versa. Com a prática você descobrirá o que funciona melhor e que estilo de leite e cobertura combina melhor com o seu gosto e estilo de café.

MÁQUINAS DE ESPRESSO

MÁQUINAS DE ESPRESSO DOMÉSTICAS ESTILO PROFISSIONAL
Essas máquinas são um luxo e podem ser encontradas em diversas faixas de preço. A vantagem delas, além de deixar a cozinha com um ar superdescolado, é permitir personalizar o produto final.

MÁQUINAS DE ESPRESSO AUTOMÁTICAS (SEMI E SUPERAUTOMÁTICAS)
Dependendo do estilo e da faixa de preço, algumas dessas máquinas têm funções automatizadas, enquanto outras são programadas pelo usuário. Funções como tirar o espresso e espumar o leite e recursos importantes como o tamanho da porção e da moagem podem ser escolhidos pressionando um botão.

MÁQUINAS DE CÁPSULA
Cafeteiras desse tipo usam cápsulas abastecidas com café na quantidade certa para fazer espresso ou outras bebidas à base de espresso. Elas poupam o trabalho de cálculo, exceto de onde e quando comprar os refis.

CAFETEIRA ITALIANA DE FOGÃO
Essas cafeteiras fazem de três a doze xícaras pequenas de café forte estilo espresso no fogão. São pequenas, fáceis de usar e de baixo custo. Para usar, basta encher com água, colocar grãos de café de moagem fina ou média e levar ao fogo.

UTENSÍLIOS PARA FILTRAR CAFÉ

CAFÉ FILTRADO
O coador de vidro da tradicional marca Chemex aparece em vários episódios de *Friends*, mas há muitos modelos a escolher. O conceito é similar ao de uma cafeteira doméstica, com a possibilidade extra de regular a temperatura da água, a velocidade em que a água é despejada, a proporção de café e água e o tipo de moagem dos grãos. O método exige um coador especial, filtros, sensor de temperatura, balança e chaleira com bico fino. Quando você dominar a temperatura, a técnica de despejar a água e o processo de infusão, estará pronto para começar! Mas não se intimide com esse método, pois muitos especialistas afirmam que é o melhor para se obter o café perfeito.

INFUSÃO A FRIO
Na versão ideal, um café extraído com água fria é doce e arrojado, menos amargo e menos ácido do que o café extraído a quente. O sabor é concentrado, resiste bem nas bebidas geladas à base de café e fica menos aguado do que o café gelado feito pelo método tradicional. A infusão a frio pode ser usada para fazer refrigerante de café, café quente (basta adicionar água quente) ou como base para outras bebidas. Para infusão a frio, a melhor opção é uma prensa francesa grande ou um pote de vidro com tampa. Se usar um pote de vidro grande, utilize um filtro de algodão ou um coador de leite vegetal para conter as partículas de café mais grossas.

OUTROS EQUIPAMENTOS

MOEDOR
Moer os próprios grãos garante uma xícara de café mais fresca e saborosa. Procure um moedor que tenha diversas configurações de moagem para obter uma granulometria perfeita, seja fina para o espresso, média para o café coado ou extragrossa para o café extraído a frio. Alguns moedores têm cronômetros digitais, balanças integradas e opções de dosagem.

ESPUMADOR ELÉTRICO
Um espumador elétrico funciona bem com jarras pequenas e compactas. Adicione o leite, aperte um botão e o espumador elétrico vai bater, espumar e aquecer o leite. Alguns deles têm a opção de vaporizar ou espumar o leite. Esse método é rápido e prático tanto para lattes e cappuccinos tradicionais quanto para aquecer matchá. Observe, no entanto, que eles não têm potência suficiente para bater creme doce tipo chantilly, creme de coco ou espuma de queijo.

ESPUMADOR/BATEDOR DE LEITE PORTÁTIL COM FUNCIONAMENTO A PILHA
Os espumadores e batedores de leite portáteis são opções baratas que funcionam bem para bebidas espumosas tradicionais se o leite estiver aquecido. Dependendo da marca, o batedor criará uma microespuma aerada a partir do leite e de leites vegetais, embora batedores a pilha não tenham potência suficiente para bater creme doce, creme de coco ou espuma de queijo.

CREMEIRA MANUAL
Um jarro de vidro ou de aço inox com um êmbolo na tampa que serve para espumar leite quente ou frio. Funciona melhor com leite desnatado do que integral. Na cremeira com jarro de vidro, o leite é colocado no recipiente e aquecido no micro-ondas. Na versão de aço inox, o leite é aquecido separadamente. Leva-se cerca de 40 segundos para criar uma microespuma aveludada com o êmbolo. Sem batedor, esse equipamento agrega ar ao bombear manualmente com o filtro de imersão o leite aquecido no micro-ondas ou no fogão.

MIXER DE IMERSÃO
Use um recipiente alto (geralmente vendido junto com o mixer) e um batedor para fazer café batido estilo Dalgona ou creme doce, espuma de queijo e creme batido. O acessório do batedor e o recipiente pequeno são perfeitos para bebidas de porção única, laticínios mais pesados e coberturas à base de creme de coco.

MIXER PORTÁTIL
Segunda melhor opção para fazer cafés especiais depois do mixer de imersão. É também um utensílio importante para preparar sobremesas que precisem ser misturadas em pequenas porções.

BATEDEIRA
Muitas das receitas neste livro pedem uma batedeira. Os batedores em formato de globo, pá e gancho facilitarão as preparações, embora seja possível usar um mixer portátil e a boa e velha força muscular para fazer o trabalho na maioria das receitas.

JARROS
Um jarro medidor de vidro com capacidade para duas xícaras, para aquecer líquidos no micro-ondas, é útil em muitas receitas. Um jarro de inox de 350 ml é excelente para vaporizar leite caso sua cafeteira tenha espumador e para fazer pasta americana.

TERMÔMETRO CULINÁRIO
Use para medir a temperatura do óleo para fritar e outras temperaturas ao cozinhar ou assar.

BALANÇA DE COZINHA
Use para medir a quantidade de grãos, farinhas, manteiga e açúcar. As medidas por peso costumam ser mais precisas do que por volume, principalmente quando se trata de confeitaria.

CONVERSÕES CULINÁRIAS

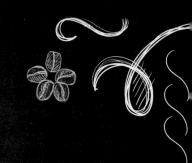

1 CSP: 3 CCH

16 XÍCARAS:
3,6 QUILOS
3,8 LITROS

4 XÍCARAS:
900 GRAMAS
960 ML

2 XÍCARAS:
450 GRAMAS
480 ML

XÍCARAS	PESO (G)	CCS	CCH
1	220	16	48
3/4	180	12	36
2/3	150	11	32
1/2	110	8	24
1/3	75	5	16
1/4	55	4	12

1 XÍCARA:
220 GRAMAS
240 ML
16 CSP

¼ XÍCARA:
55 GRAMAS
60 ML
4 CSP

Nota: as medidas de peso e volume nem sempre são intercambiáveis ou iguais por causa da variação de densidade dos ingredientes.

AMIGOS COMPARTILHAM

Dicas & glossário culinário da chef Monica

Deixe-se guiar na cozinha pela chef Monica, que vai compartilhar algumas de suas dicas favoritas e repassar alguns termos culinários importantes.

ASSAR ÀS CEGAS
Assar, completa ou parcialmente, uma massa de torta sem o recheio. Essa técnica evita que a crosta fique úmida, pois a massa é parcialmente assada antes de receber o recheio cozido, como um creme de confeiteiro.

FARINHA PARA BOLO
A farinha para bolo é bem mais fina do que a farinha comum e a farinha para pão, absorve mais água e tem menor teor de proteína e glúten, o que faz os bolos crescerem mais, criando uma crosta mais delicada. Também garante uma textura mais leve e aerada. Para substituir a farinha comum por farinha para bolo nas receitas, basta retirar 2 colheres de sopa de cada xícara de farinha e substituir por amido de milho.

FARINHA PARA PIZZA
Essa farinha tem uma textura muito fina, como pó. Com alto teor proteico, cria crostas crocantes e elásticas, sendo excelente para pães achatados e pizzas que precisam ser assados em alta temperatura.

FARINHA DE TRIGO COMUM
A farinha de trigo comum é uma combinação de grãos macios e duros. A textura é mais densa do que a da farinha para bolo, o que dá mais estrutura e estabilidade para produtos assados. Ao trabalhar com farinha de trigo comum, ela parecerá mais pesada e mais grudenta do que a farinha para bolo.

FARINHA PARA PÃO
Essa farinha com alto teor de glúten e proteína aumenta a elasticidade do glúten, e a estrutura extra e a textura mais elástica são perfeitas para pães levedados e massas fermentadas, como pretzel e croissant.

FARINHA DE TRIGO-SARRACENO
Ao contrário do que sugere o nome, trigo-sarraceno não é trigo, mas sim uma fruta da família do ruibarbo. Essa farinha é naturalmente sem glúten e fica deliciosa nos doces, adicionando sabor mais intenso a biscoitos, pães e tortas, ou pode ser ingrediente principal em crepes, panquecas e macarrão sobá.

FERMENTO BIOLÓGICO
O fermento biológico infla pães e bolos ao transformar o açúcar em dióxido de carbono e álcool. Esse processo de fermentação faz com que a massa cresça. Testar o fermento significa basicamente ver se o fermento está ativo. Nem todos os fermentos precisam ser testados, mas é preferível hidratá-los. Os fermentos instantâneos não costumam ser testados, pois a ativação do fermento acaba se ele for dissolvido em líquido. Se você nunca usou fermento biológico para cozinhar, vale a pena perder um pouco do crescimento hidratando os fermentos instantâneos e ativando o fermento biológico seco para confirmar que ele está ativo antes de prosseguir com a receita.

Use preferencialmente o tipo de fermento biológico descrito na receita, mas no geral é possível converter de um tipo para outro quando necessário. Para converter, use 30 g de fermento biológico fresco para 10 g de fermento biológico seco instantâneo. Depois de aberto, é melhor armazenar o fermento biológico no freezer. Guarde uma pequena quantidade na geladeira pela praticidade, uma vez que fermento gelado leva mais tempo para ser ativado.

CAIXA DE FERMENTAÇÃO

As massas levedadas ou fermentadas geralmente ficam descansando para crescer após a modelagem final. É a última etapa do processo de crescimento. Use um recipiente plástico com tampa que acomode a massa modelada e inclua um recipiente resistente ao calor com água fervente. Outra possibilidade é usar o forno. Basta deixar a luz acesa (com o forno desligado). A vantagem de ter um recipiente separado é que o forno fica livre durante um período de crescimento mais longo.

MERENGUE

Merengue são claras de ovo batidas até ficarem bem firmes. Separe os ovos quebrando a casca e despejando-o na sua mão limpa, deixando as claras escorrerem cuidadosamente pelos seus dedos para dentro de uma tigela limpa. Sempre quebre e separe os ovos em uma tigela limpa, pois qualquer fragmento de gema de ovo pode arruinar o merengue. Reserve as gemas para outras preparações (algumas receitas requerem gema batida com um pouco de água para pincelar). Congele as claras de um dia para o outro e use-as descongeladas em temperatura ambiente para obter picos mais estáveis.

Certifique-se de que todos os equipamentos e utensílios que você for usar para fazer merengue estejam limpos e sem qualquer resquício de gordura. Limpe os equipamentos e utensílios com vinagre de vinho branco e seque bem antes de bater as claras. Para fazer merengue, é melhor usar uma batedeira ou um mixer portátil, pois o processo é demorado. Observe que há uma linha tênue entre picos médios, picos firmes e claras batidas em excesso, então não se afaste enquanto a batedeira trabalha. Merengue desandado não tem conserto.

GENGIBRE

Para descascar gengibre, use a lateral de uma colher de chá para retirar a película que envolve o rizoma rugoso. Assim, ao final você terá mais gengibre do que teria se usasse uma faca.

AMIGOS COMPARTILHAM | 21

GANACHE

Geralmente, usa-se ganache em coberturas, trufas, glacês e como base para muitas sobremesas. A ganache clássica é feita com creme de leite fresco, mas também pode ser feita com muitos tipos de leites alternativos ou leite condensado, dependendo da espessura, sabor e uso final desejados. A proporção padrão de creme de leite e chocolate é de 1:1, embora possam ser feitos ajustes para chegar à espessura e à textura desejadas. Siga o que diz a receita para obter os melhores resultados.

TEMPERAGEM

Temperar significa "estabilizar". Um chocolate bem temperado é quebradiço e tem uma aparência brilhante, lustrosa e macia. Depois de derretido, o chocolate temperado endurece em 3 a 5 minutos e mantém a forma, sem derreter rapidamente quando manuseado. Líquidos também podem ser temperados, reduzindo o risco de superaquecimento, que pode causar a separação ou coagulação de uma calda ou creme. Para temperar ingredientes com temperaturas diferentes, coloca-se uma pequena porção de um ingrediente no outro antes de juntar toda a quantidade. Colocar aos poucos, de forma sistemática, um ingrediente frio em um ingrediente quente, ou vice-versa, é o que garante o melhor resultado final.

MISE EN PLACE

A expressão francesa é traduzida como "cada coisa em seu lugar". Preparar o *mise en place* é a base de uma cozinha funcional, algo que Monica bem sabe. Leia a receita por inteiro pelo menos uma vez. Reúna os equipamentos, utensílios e insumos de que vai precisar. Prepare todos os ingredientes, rotule-os e coloque-os em uma bandeja na ordem em que serão usados antes de começar.

PITADA

Uma pitada é algo entre 1/16 e 1/8 de colher de chá. É a quantidade que você consegue segurar entre dois dedos.

TEMPERATURA AMBIENTE

A temperatura ambiente varia entre 21°C e 27°C. Essa é a temperatura ideal para se deixar os ingredientes que irão ao forno quando a receita pede temperatura ambiente, bem como para a segunda crescida da massa. A maioria dos ingredientes de panificação deve estar em temperatura ambiente antes de serem assados. No entanto, é importante manter os ingredientes a uma temperatura segura para sua integridade.

ESTAÇÃO DE FRITURA

Use uma panela grande e pesada com espaço suficiente para os alimentos flutuarem sem se amontoar. Encha no máximo 2/3 da frigideira com óleo. Aqueça o óleo lentamente. Controle a temperatura do óleo com um termômetro culinário. A temperatura ideal de fritura é de 180°C a 190°C para se obter crosta crocante e interior úmido. Há algumas exceções, como a fritura prévia de batatas fritas a 160°C, com a segunda fritura a 200°C. Frite uma porção e ajuste a temperatura para mais ou para menos conforme necessário. Se não levar o alimento ao forno para cozinhar após a fritura, certifique-se de que o interior está bem cozido ao tirar do óleo quente. Para preparar uma estação de fritura, limpe seu espaço de trabalho. Prepare uma bandeja com papel-toalha para que o óleo possa ser absorvido do alimento após a fritura. Deixe à mão uma escumadeira, colher perfurada e/ou pinça longa. Mantenha os utensílios limpos e secos, pois água fará o óleo espirrar. Use um óleo com ponto de fumaça alto, como óleo de amendoim, canola, girassol, cártamo, milho ou outro óleo vegetal (exceto azeite de oliva). Use uma quantidade suficiente de óleo para mergulhar o alimento. Após resfriado, o óleo pode ser armazenado e reutilizado, dependendo do que foi cozido nele. Mantenha o óleo na temperatura adequada. Alimentos refrigerados baixarão rapidamente a temperatura do óleo. Reaqueça entre cada porção. Acima de tudo, não deixe o óleo no fogo sem ninguém por perto!

MEL EM PÓ/GRÂNULOS

Essa mistura de mel desidratado com açúcar pode ser usada para adoçar castanhas caramelizadas, chantilly, café cremoso, cafés especiais e chá. Compre na internet ou em casas de produtos orientais.

AÇÚCAR DE BORDO

O açúcar de bordo puro em grânulos pode ser usado para adoçar castanhas caramelizadas, chantilly, café cremoso, cafés especiais e chá. Compre pela internet ou em casas de produtos importados.

Receitas básicas

CAFÉ EXTRAÍDO A FRIO

RENDIMENTO: Cerca de 4 xícaras (1 litro)
TEMPO DE PREPARO: 12 a 18 horas ou de um dia para o outro

USADO EM: Café extraído a frio com coco, escuro & tempestuoso do Ross (página 65), Café extraído a frio com creme de baunilha da Rachel (página 67)

1 xícara de café moído bem grosso (com textura de farinha de rosca)

4 xícaras (1 litro) de água filtrada gelada ou em temperatura ambiente

NOTA: Você pode comprar filtros na internet. Use preferencialmente coadores de leite vegetal.

Encaixe um filtro de pano para extração a frio em um jarro de vidro grande com capacidade para 5 a 6 xícaras. Coloque a ponta do filtro por cima do aro do jarro, deixando um espaço para os grãos. Amarre um pedaço de barbante em volta do filtro, se necessário, para prender o saquinho na borda do jarro. Encha o saquinho com o café. Adicione a água lentamente. Transfira para a geladeira e deixe em infusão de um dia para o outro ou de 12 a 18 horas, a depender da concentração desejada. Retire o filtro, cubra o café com uma tampa e deixe refrigerar.

A proporção padrão de café para água é de 1:4, mas pode ser ajustada a gosto. Lembre-se de que nesse método a água goteja pelo filtro, deixando o saquinho e os grãos de café imersos; portanto, o tamanho do recipiente em relação à quantidade de água é importante.

Se usar uma prensa francesa, coloque o café na cafeteira e depois adicione a água. Deixe em infusão na geladeira. Após a infusão, pressione o filtro e coloque o café extraído a frio em um recipiente de vidro com tampa.

Mantenha na geladeira por até duas semanas. O sabor vai diminuir depois da primeira semana. Para prolongar o frescor, reduza o tamanho do recipiente de armazenamento à medida que consumir o café para reduzir o fluxo de ar no pote.

CALDA DE CARAMELO SALGADO

RENDIMENTO: Cerca de 1 ½ xícara
TEMPO DE PREPARO: 20 minutos, mais o tempo de resfriamento

USADA EM: Café extraído a frio com creme de baunilha da Rachel (página 67), Maçã caramelada perfeita da Monica (página 169)

1 xícara de açúcar refinado

1 colher de chá de sal

¼ xícara de água ou suco de maçã

4 colheres de sopa de manteiga sem sal cortada em cubos

⅓ xícara de creme de leite fresco

1 colher de chá de café instantâneo em pó (opcional)

Em uma panela média de inox ou de cor clara, leve ao fogo médio uma mistura com o açúcar, o sal e a água até ferver, mexendo constantemente por cerca de 6 minutos. Aumente a temperatura para médio-alto e ferva até chegar a uma cor de caramelo escuro sem mexer, por 7 a 10 minutos. Tire do fogo e misture a manteiga e o creme de leite. A mistura vai subir e borbulhar. Deixe esfriar e misture o café instantâneo em pó, caso vá usá-lo. Transfira para um recipiente com tampa. A calda vai engrossar à medida que esfria. Pode ser armazenada em um recipiente bem fechado na geladeira por 3 a 4 semanas. Aqueça um pouco para deixar mais líquida antes de usar.

CALDA DE AÇÚCAR BÁSICA

RENDIMENTO: Cerca de ½ xícara
TEMPO DE PREPARO: 10 minutos

1 xícara de açúcar refinado
1 xícara de água
½ xícara de castanhas cruas e sem sal (opcional)

Em uma panela pequena, misture a água e o açúcar e leve a ferver em fogo médio. Mexa até dissolver o açúcar, por 3 a 5 minutos. Tire do fogo e deixe esfriar completamente. Se não usar imediatamente, a calda pode ser armazenada em um recipiente coberto na geladeira por até um mês. Adicione ½ colher de chá de água para diluir antes de usar, se necessário.

Para uma calda com infusão de castanhas, adicione as castanhas à água com açúcar e coe quando a calda estiver pronta. A calda de castanhas cristaliza e precisa ser utilizada no dia em que é feita. As castanhas coadas podem ser utilizadas no Mix de frutas secas & sementes adoçadas iradas do Eddie (página 100).

> **NOTAS:** Esta receita usa proporção 1:1 de açúcar e água. Se usar mel em vez de açúcar, reduza a quantidade de água em ⅓. Ao invés de aromatizar as bebidas com a calda de castanhas, experimente usar infusões como o Leite de avelã e aveia (página 31) usado no Latte do blecaute da Rachel (página 61).

RECEITAS BÁSICAS | 27

PIADINA BÁSICA

RENDIMENTO: Duas piadinas de 18 cm
TEMPO DE PREPARO: 1 hora

USADA EM: Piadina na chapa com legumes grelhados da Rachel (página 116), Sanduíche "não seja invejoso!" de peixe na piadina do Joey (página 125), Wraps de salada Cobb com camarão grelhado da Rachel para uma gorjeta em dobro (página 129)

- ⅛ colher de chá de açúcar refinado
- 1 ¼ xícara de farinha de trigo, mais um pouco para a massa e para polvilhar
- ¼ xícara de gordura de pato fria e descongelada, gordura vegetal, banha de porco ou azeite de oliva e mais para a frigideira
- ¼ a ½ xícara de água morna
- ¼ de colher de chá de sal

Em uma tigela grande, misture o açúcar e a farinha. Faça um buraco no meio da farinha. Acrescente a gordura e ¼ de xícara de água quente no buraco. Polvilhe o sal na borda externa do buraco.

Usando as mãos, massageie a gordura com a água e leve a farinha para o buraco lentamente. Quando toda a farinha estiver incorporada, comece a sovar a massa com a base das mãos, empurrando, enrolando e esticando a massa sobre si mesma. A massa vai parecer irregular e seca até ser homogeneizada. Se necessário, acrescente mais 1 ou 2 colheres de sopa de água.

Transfira a massa para uma superfície de trabalho limpa e plana, polvilhada com farinha de trigo, e continue sovando por 10 minutos ou mais. Se a massa estiver muito rija para sovar, deixe-a descansar coberta com um pano de prato por 5 minutos. Assim, a massa vai ficar mais macia e sedosa e será mais fácil trabalhar com ela. Virando as bordas da massa para baixo de si mesma, forme uma bola lisa. Enrole a massa em plástico-filme bem apertado e deixe-a descansar por 30 minutos.

Aqueça uma frigideira média de fundo grosso em fogo médio. Acrescente uma pequena quantidade de gordura à frigideira. Desembale e divida a massa ao meio. Coloque metade da massa entre dois pedaços de papel-manteiga. Estique a massa até obter um disco de 15 a 20 cm de diâmetro e uns 0,3 cm de espessura. Coloque o disco na frigideira aquecida e cozinhe até que a piadina esteja coberta de pontinhos escuros, por cerca de 1 ½ minuto. Se a massa inflar, perfure as bolhas com uma faca. Vire a massa com uma espátula e cozinhe do outro lado até surgirem pontinhos castanhos dourados em toda a massa, por cerca de 1 ½ a 2 minutos. Repita o processo com a outra metade da massa. A piadina fica mais gostosa no dia em que é feita, mas depois de cozida pode ser embalada em papel-alumínio e armazenada na geladeira por 2 dias. Aqueça no forno, enrolada no papel-alumínio, antes de servir.

> **NOTA:** O azeite de oliva deixa a massa mais dura e menos maleável do que a gordura de pato, gordura vegetal ou banha de porco, portanto, dobre-a ao meio ainda quente se for usá-la em um sanduíche. Se usar azeite de oliva, meça, congele até ficar sólido e depois corte em cubinhos antes de usar. Isso reduz a absorção de gordura na farinha.

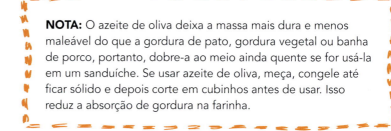

COBERTURA DE CREME DE MANTEIGA

RENDIMENTO: Cerca de 2 ½ xícaras
TEMPO DE PREPARO: 30 minutos

USADO EM: Cupcakes de chai com maçã da Rachel (página 167)

200 g de manteiga sem sal em temperatura ambiente
1 lata (395 g) de leite condensado em temperatura ambiente

Usando batedeira ou mixer portátil, em uma tigela média bata a manteiga em velocidade média-alta até ficar leve e cremosa. Bata por no mínimo 10 minutos, desligando a batedeira de vez em quando para raspar a lateral e o fundo da tigela. Acrescente o leite condensado lentamente, em porções de ¼ de xícara, mexendo até misturar. Certifique-se de que todo o líquido foi incorporado antes de acrescentar outra porção. Se o creme parecer aguado, aumente a velocidade e bata até ficar cremoso antes de acrescentar mais leite condensado.

O creme de manteiga pode ser feito com uma semana de antecedência e armazenado em um recipiente coberto na geladeira. Tire da geladeira, deixe-o voltar à temperatura ambiente, transfira para a tigela da batedeira equipada com a raquete e bata por 10 minutos ou até ficar liso. Troque para o batedor globo e bata até ficar leve e cremoso, por cerca de 15 minutos.

Experimente aromatizar o creme de manteiga com chai comprado pronto ou caseiro (veja os Cupcakes de chai com maçã da Rachel, página 167). Enquanto bate, acrescente lentamente 2 colheres de sopa do concentrado para chai, 1 colher de chá de cada vez, certificando-se de que está bem incorporado antes de adicionar a próxima colher.

GANACHE BÁSICA

RENDIMENTO: Cerca de 2 ¾ xícaras
TEMPO DE PREPARO: 10 minutos, mais o tempo de resfriamento
USADO EM: Barrinhas famosas do Ross e do Marcel (página 159)

2 xícaras de creme de leite fresco
2 xícaras de chocolate para cobertura (de alta qualidade) picado ou de gotas de chocolate 60%

Em uma panela média em fogo médio ou em um recipiente resistente ao calor do micro-ondas, aqueça o creme entre 85°C e 93°C. (Se o creme for aquecido a mais de 93°, o chocolate pode talhar.)

Coloque o chocolate em uma tigela média. Despeje o creme aquecido sobre o chocolate e espere alguns minutos para que o chocolate comece a derreter, depois mexa até ficar liso. Não deixe o chocolate entrar em contato com água, pois endurecerá.

> **DICA:** A quantidade de creme de leite pode ser ligeiramente ajustada para espessar ou diluir a ganache. Com chocolate branco, use proporção de 2:1 ou 3:1 de chocolate para creme de leite.

> **NOTA:** Confirme o tipo de chocolate e a proporção de creme para chocolate em cada receita antes de fazê-la. Nos Estados Unidos, o chocolate para cobertura deve conter no mínimo 35% de sólidos de cacau e 31% de manteiga de cacau. É a melhor opção para temperagem e para trufas suntuosas. Chocolate em gotas com no mínimo 60% de cacau é ótimo para as Barrinhas famosas do Ross e do Marcel (página 159) e as Barras bigodudas de merengue tostado do Richard e da Monica (página 163).

PONTO DE VISTA MUUU

Existe uma ciência para se chegar à consistência perfeita do leite usado em uma bebida especial, seja um latte, seja um cappuccino.

Tudo começa com o tipo de leite, a temperatura e o equipamento ou utensílio utilizado. Para máxima doçura, o leite deve estar a 60°C antes de ser usado em alguma bebida quente especial. Nem todos os leites espumam do mesmo jeito porque o teor de gordura e de proteína afetam o resultado final. Leites orgânicos, sem lactose e ultrapasteurizados não são os ideais para latte art devido aos métodos de processamento usados durante a produção, mas ainda assim funcionarão para uma deliciosa xícara de café em casa. Leite fresco mantido gelado antes de se fazer a espuma proporcionará o melhor resultado, embora seja aceitável aquecer o leite por alguns segundos para sincronizar o momento perfeito de servi-lo em um espresso recém-tirado.

- *Leite desnatado ou semidesnatado* faz mais espuma ou microbolhas. Isso significa que espuma rápido, mas não se mantém por muito tempo.

- *Leite integral* produz a melhor e a mais saborosa espuma, mas exige mais habilidade para se atingir a textura ideal devido à gordura extra no leite.

- *Leites vegetais* não se mantêm tão bem quando batidos e geralmente são mais ralos. Além disso, as proteínas do leite começam a desnaturar a cerca de 76°C e a degenerar a 82°C, e as proteínas dos leites vegetais e de castanhas são diferentes, dependendo da marca ou do tipo comprado. Pratique fazer espuma com seu tipo de leite preferido para aperfeiçoar a técnica.

LEITE DE CASTANHAS E LEITES AROMATIZADOS

Leites de castanhas, uma alternativa comum ao leite de vaca, são feitos com castanhas demolhadas em água filtrada e batidas no liquidificador ou processador em alta velocidade até a mistura ficar cremosa. Depois de coado, o leite de castanhas dura de 2 a 3 dias na geladeira. Trocar a água por leite de aveia ou leite de coco sem lactose para combinar com as castanhas depois de deixá-las de molho (e antes de bater no liquidificador) agrega um sabor mais intenso e complexo, deixando a bebida mais cremosa e com um sabor mais natural. É uma excelente alternativa às caldas aromatizadas nas bebidas à base de chá e café. Essa é uma das vantagens de fazer essas bebidas em casa. As opções e combinações de sabores são infinitas.

LEITE DE AVELÃ E AVEIA

RENDIMENTO: Cerca de 2 a 2 ½ xícaras (450 a 600 ml)
TEMPO DE PREPARO: 8 ½ a 12 horas

USADO EM: Latte do blecaute da Rachel (página 61)

2 xícaras de avelãs cruas inteiras (ou outra oleaginosa, como noz-pecã), sem pele

4 xícaras (900 ml) de água filtrada gelada para colocar as avelãs de molho

3 ½ xícaras (800 ml) de água filtrada, leite de aveia ou outro leite vegetal

1 a 2 colheres de chá de mel, açúcar ou xarope de sua escolha (opcional)

1 pitada de sal (opcional)

Coloque as avelãs em uma peneira de malha fina e lave-as em água corrente. Transfira para uma tigela ou recipiente de vidro grande, adicione a água gelada e deixe de molho na geladeira por no mínimo 8 horas, ou até 12 horas no caso de oleaginosas maiores, como nozes-pecã. A maioria das castanhas pode ficar de molho por até 48 horas para produzir um leite de castanhas mais saboroso.

Coe as castanhas e descarte o líquido em que elas ficaram de molho. Enxágue bem as castanhas. Se usar avelãs, esfregue-as com um pano de prato limpo para remover a película que as envolve, se necessário. Transfira as castanhas e 3 ½ xícaras de água para um liquidificador ou processador de alimentos. (Um liquidificador potente produz mais leite de castanhas do que um processador de alimentos.) Pulse até as castanhas serem trituradas em grânulos finos ou, se estiver usando um liquidificador potente, até a mistura parecer cremosa.

Coloque um filtro de leite vegetal em uma tigela ou jarro. Despeje as nozes e o leite no filtro, ou passe por uma peneira de malha fina coberta com um filtro, musselina ou tecido para queijo. Esprema ou pressione o líquido na tigela ou jarro. Acrescente o adoçante e o sal, se usá-los. Armazene em um recipiente coberto e esterilizado na geladeira por até 3 dias.

Guarde a polpa de castanhas para outra preparação, como a receita de farofa doce de nozes do Mix de frutas secas & sementes adoçadas iradas do Eddie (página 100). Se quiser congelar ou secar as castanhas e usar outro líquido que não seja água, enxágue bem a polpa de castanhas várias vezes antes de congelar ou secar. A polpa de castanhas pode ser congelada por várias semanas antes de ser usada, ou desidratada em assadeira colocada no forno em temperatura baixa, entre 80°C e 90°C. Asse por 1 a 2 horas, mexendo a polpa de castanhas a cada 30 minutos, até ficar seca, mas sem dourar ou tostar. Deixe esfriar. Coloque no processador de alimentos e use em pães e bolos. A farinha de amêndoas é usada na receita dos Bolinhos financier matadores do Pete (página 141).

NOTA: Esta receita pode ser usada com outros tipos de oleaginosas, como castanha-do-pará, noz-pecã, macadâmia, pistache ou castanha de caju. Castanhas de caju e macadâmias hidratam rápido e podem ficar de molho por 2 horas, mas, se você deixar por mais tempo, terá um leite mais suave. Enxágue bem as castanhas antes e depois de deixá-las na água, descarte toda a água e depois adicione água fresca ou algum tipo de leite vegetal antes de bater.

LEITE DE CEREAIS E BISCOITOS

Um leite de biscoitos ou de cereais é uma base deliciosa para glacês ou cafés especiais, agregando uma camada extra de sabor. Experimente diferentes sabores para um café especial ou uma cobertura diferente para uma sobremesa. Combinações de cereais açucarados agregam uma maior explosão de sabores, embora aveia natural, granola ou cereais com fibras funcionem bem. Imagine um leite de biscoito de canela, um leite de aveia, ou talvez um copo de leite puro com sabor de biscoito de manteiga de amendoim, quem sabe um latte sabor waffle de baunilha, talvez até um leite de cereal de frutas para colocar por cima de um café espumoso de infusão a frio. Use a criatividade e experimente novas combinações de sabores.

RENDIMENTO: Cerca de ½ xícara (cerca de 120 ml)
TEMPO DE PREPARO: 15 minutos ou de um dia para o outro

USADO EM: Tortinhas de frutas com canela e glacê de leite de cereais do Ross (página 89), Donuts com flocos açucarados e cobertura de leite de cereais do Gunther (página 135)

- 1 xícara (240 ml) de leite ou leite vegetal
- ¾ xícara de cereais ou biscoitos triturados

Para fazer o leite com sabor de cereal ou biscoito, é preciso aquecer o leite ou usá-lo frio em uma infusão com os biscoitos ou cereais. O método de infusão de um dia para o outro resultará em um leite mais saboroso, que fará mais espuma do que o método mais rápido de aquecer o leite e embeber o cereal ou os biscoitos.

MÉTODO RÁPIDO: Aqueça o leite em um jarro de vidro no micro-ondas ou no recipiente do espumador elétrico, sem o batedor, por cerca de 30 segundos. Coloque os cereais triturados, mexa e deixe em infusão com o recipiente coberto por 10 minutos. Coe e deixe esfriar. Armazene em um recipiente coberto na geladeira por no mínimo 6 horas ou de um dia para o outro.

MÉTODO DE UM DIA PARA O OUTRO: Para fazer leite à base de cereais ou biscoitos para lattes ou cappuccinos, deixe os cereais ou biscoitos em infusão no leite frio de um dia para o outro e coe antes de espumar. Alguns biscoitos ou cereais vão absorver mais leite. Acrescente mais leite se a receita pedir. Aqueça o leite e a espuma para criar uma bebida aromatizada exclusiva.

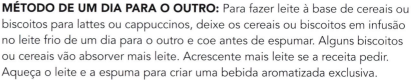

CREME DOCE BÁSICO

RENDIMENTO: Cerca de 1 xícara (240 ml)
TEMPO DE PREPARO: 5 minutos, mais 24 horas para o creme de coco

USADO EM: Café extraído a frio com creme de baunilha da Rachel (página 67)

½ xícara (120 ml) de creme de leite fresco
1 colher de sopa de leite condensado
½ xícara (120 ml) de leite desnatado, leite vegetal ou uma mistura em partes iguais de leite integral e creme de leite fresco

OPÇÕES DE SABOR:
(escolha um ou uma combinação)
½ colher de chá de Calda de açúcar básica (página 27)
2 colheres de chá de açúcar refinado
1 colher de sopa de mel
1 colher de sopa de xarope de bordo
¼ de colher de chá de extrato ou sementes de baunilha

Coloque por um minuto no freezer o creme de leite, o leite e o recipiente para bater o creme. Usando o batedor de claras do mixer de imersão e um recipiente alto, ou o mixer portátil em uma tigela média, bata o creme até começar a engrossar, por cerca de 45 segundos. Adicione o leite condensado e misture para incorporar por mais 20 segundos. Acrescente ¼ de xícara de leite e bata até a mistura ficar espumosa por cima, parecida com sorvete derretido.

Acrescente o restante do leite e misture bem. Se for aromatizar, acrescente o(s) ingrediente(s) agora e misture para homogeneizar.

CREME DE COCO

½ xícara de creme de coco refrigerado por 24 horas
1 pitada de bicarbonato de sódio
½ colher de chá de extrato de coco (opcional)

Para fazer o creme de coco, siga as instruções do creme doce básico acima, mas substitua o creme de leite por creme de coco natural ou use algum leite vegetal, de preferência um leite de coco sem lactose. Adicione o bicarbonato de sódio e o extrato de coco, se for usar, quando acrescentar a última parte de creme de coco. Continue a bater até ficar homogêneo.

NOTA: Planeje fazer com antecedência, pois o creme de coco precisa ficar refrigerado por pelo menos 24 horas antes do uso. Você pode fazer o creme de coco em casa, usando leite de coco caseiro e deixando repousar na geladeira por 24 horas. Separe a parte sólida que se forma em cima do líquido mais claro de baixo – a parte sólida é o creme de coco. Leite de coco ralo não bate em ponto de chantilly e não funciona para essa receita. Se for usar algum leite vegetal, use uma bebida de leite de coco sem lactose (de caixinha) e não o leite de coco de vidrinho.

ESPUMA DE QUEIJO BÁSICA

RENDIMENTO: Cerca de ½ xícara
TEMPO DE PREPARO: 10 minutos

USADO EM: Macchiato de matchá salgado com "lágrimas" da Rachel (página 64)

- 3 colheres de sopa de cream cheese em temperatura ambiente
- 3 colheres de sopa de creme de leite fresco em temperatura ambiente
- 1 a 2 colheres de sopa de açúcar refinado
- ¼ xícara de leite em temperatura ambiente
- 1 pitada de bicarbonato de sódio
- 1 pitada de sal (opcional)

Em uma tigela média ou recipiente alto, usando o mixer portátil ou o mixer de imersão com o batedor de claras, misture o cream cheese e o creme de leite até que estejam bem homogeneizados, lisos e sem grumos, batendo por 1 a 2 minutos. (É importante que os ingredientes estejam em temperatura ambiente para que não se formem grumos. Assim será mais fácil misturá-los.) Adicione o açúcar e bata bem, por cerca de 1 a 2 minutos. Adicione o leite devagar, misturando a cada adição. Acrescente o bicarbonato de sódio. A preparação pode ser armazenada na geladeira, em um recipiente coberto, de um dia para o outro. Bata novamente antes de servir. Se quiser acentuar o sabor, polvilhe o sal sobre a espuma de queijo ou adicione à mistura e bata.

> **DICA:** Use açúcar mascavo, mel em pó, xarope de bordo líquido ou em pó para criar uma combinação de sabores especial. Substitua na proporção de 1:1 na receita ou ajuste o nível de doçura a seu gosto.

ESPUMA DE QUEIJO COM MEL

Para fazer a espuma de queijo com mel, troque o açúcar refinado da receita por 1 a 2 colheres de sopa de mel.

34 | RECEITAS BÁSICAS

CREME BATIDO

RENDIMENTO: Cerca de 2 xícaras
TEMPO DE PREPARO: 15 minutos

USADO EM: Latte batido com especiarias da Monica (página 45), Chai com leite e maçã da Phoebe (página 49), Latte fogoso de gengibre melhor que o "terceiro mamilo" do Chandler (página 57), Bolo de caneca com café espresso e chocolate da Phoebe (página 145), Cupcakes de chai com maçã da Rachel (página 167)

1 xícara de creme de leite fresco, bem gelado, e mais se necessário
2 colheres de sopa de açúcar refinado ou de confeiteiro

Coloque uma tigela de vidro ou de inox na geladeira para resfriar. Coloque o creme na tigela resfriada e bata até formar picos moles, por 3 a 5 minutos. Adicione o açúcar e bata até o creme ficar mais denso e volumoso, com picos firmes, por 3 a 5 minutos. Se usar um mixer de imersão com um batedor de claras, siga as instruções, mas utilize o recipiente de plástico alto (também resfriado) que acompanha o mixer para misturar os ingredientes. Se o creme for batido em excesso, ficará espesso e grumoso. Misture uma pequena quantidade de creme até a textura ficar novamente cremosa. Esse truque só funciona se o creme não estiver batido até o estágio de "quase manteiga". O creme batido pode ser feito um dia antes e armazenado na geladeira em um recipiente coberto. Bata o creme por alguns segundos antes de usar.

PARA CREME DE COCO BATIDO: Adicione 1 colher de extrato de coco à receita de Creme batido para obter um creme com sabor de coco ou use creme de coco para uma opção sem lactose. Veja as dicas na nota da página 33.

RECHEIO DE CARAMELO

RENDIMENTO: Cerca de 2 xícaras
TEMPO DE PREPARO: 25 minutos

USADO EM: Barrinhas famosas do Ross e do Marcel (página 159), Barras bigodudas de merengue tostado do Richard e da Monica (página 163)

3 colheres de sopa de manteiga sem sal
1 lata (395 g) de leite condensado
2 colheres de sopa de xarope dourado
⅛ de colher de chá de sal

Em uma panela média, misture a manteiga, o leite condensado e o xarope dourado, melado ou mel e leve ao fogo médio-alto. Mexa sem parar até a mistura engrossar e adquirir uma cor de caramelo claro, por cerca de 10 minutos. Acrescente o sal. Use imediatamente ainda quente.

> **NOTA DO EDITOR:** O xarope dourado, ou *golden syrup*, é um xarope de açúcar invertido de consistência muito espessa, pouco utilizado no Brasil. Você pode substituí-lo por xarope de milho, melado ou mel.

RECEITAS BÁSICAS | 35

Bebidinhas e Infusões

SUCO DETOX DO CHANDLER

TEMPORADA 4, EP. 15

"Aquele do rugby"

Uma das namoradas com quem Chandler vai e vem é a escandalosa e exagerada Janice, dona de uma risada inesquecível. Ninguém do grupo gosta dela, exceto Chandler, e nem ele parece gostar tanto assim. Chandler tenta terminar com Janice várias vezes e em certa ocasião inventa uma história fantasiosa sobre ir embora do país para morar no Iêmen só para escapar do relacionamento. Se ele tivesse tomado esse suco, talvez tivesse sido mais fácil se desintoxicar de Janice.

DIFICULDADE: Fácil
RENDIMENTO: De ¾ a 1 xícara (180 a 240 ml)
TEMPO DE PREPARO: 15 minutos

1 maçã verde média, sem o miolo
½ pepino médio descascado
1 pedaço de 5 cm de gengibre fresco, sem pele e ralado
2 xícaras de folhas de espinafre
Suco de 1 limão-siciliano
Suco de 1 laranja
1 pitada de pimenta-caiena

Fatie a maçã e o pepino em pedaços que caibam no tubo da centrífuga. Coloque um copo de vidro de tamanho adequado sob o bico de saída. Ligue a centrífuga e coloque a maçã e o gengibre no tubo de alimentação e, em seguida, o pepino e o espinafre. Acrescente o suco de limão e o suco de laranja direto no copo. Mexa bem e adicione a pimenta-caiena. Beba em temperatura ambiente ou com gelo.

NOTA: Rale o gengibre antes de colocar no tubo de alimentação, pois pedaços muito pequenos de gengibre podem não ser triturados na centrífuga. Se usar um liquidificador profissional em vez de centrífuga, pique o gengibre e coloque no copo junto com os outros ingredientes. Se desejar, coe antes de servir.

> "CHANDLER, VEM CÁ. VOU TE MOSTRAR COMO ENROLAR AS CUECAS E COLOCAR DENTRO DOS SAPATOS. ECONOMIZA UM ESPAÇO."
> — Janice

MILK-SHAKE DE "MOCOLATE", BISCOITO DE MANTEIGA DE AMENDOIM E CARAMELO DA MONICA

TEMPORADA 2, EP. 8

"Aquele da lista"

Quando Monica aceita um novo emprego para desenvolver receitas, uma das tarefas é criar com Mocolate, um substituto artificial para o chocolate. O falso chocolate é tão ruim que a única opção é aumentar drasticamente a quantidade dos outros ingredientes da receita para torná-la mais palatável. Você não vai ter o mesmo problema com esse delicioso milk-shake de biscoito de manteiga de amendoim e caramelo!

DIFICULDADE: Fácil
RENDIMENTO: 1 a 2 porções, aproximadamente 2 xícaras (500 ml)
TEMPO DE PREPARO: 10 minutos

- 1 xícara de sorvete de chocolate
- 1 xícara de sorvete de baunilha
- 4 biscoitos de manteiga de amendoim triturados
- ⅛ xícara (30 ml) de leite integral
- ⅛ xícara (30 ml) de creme de leite fresco
- 2 colheres de sopa de chocolate em pó maltado (opcional)
- ¼ xícara de Creme batido (página 35)
- 1 colher de sopa de Calda de caramelo salgado (página 26)
- 1 colher de sopa de amendoim salgado cru ou torrado, triturado

Em um liquidificador, bata os sorvetes de chocolate e baunilha, os biscoitos, o leite e o creme de leite fresco até ficar liso e cremoso. Misture o chocolate em pó maltado, se usá-lo.

Sirva o milk-shake em um copo de vidro alto, cubra com creme batido, regue com a calda de caramelo e polvilhe com os amendoins triturados.

> "ADORO MOCOLATE! PRINCIPALMENTE AQUELE GOSTINHO QUE FICA NA BOCA. SÉRIO, VOU SENTIR ESSE GOSTO ATÉ O NATAL."
> — Monica

BEBIDINHAS E INFUSÕES | 39

MACCHIATO DE LEITE DE COCO COM UBE DA PHOEBE

TEMPORADA 8, EP. 4

"Aquele com o videotape"

Phoebe Buffay, Regina Phalange. O que um nome pode dizer? Phoebe é uma figura única que não tem vergonha de ser esquisita, assim como esse belo macchiato roxo feito com um tubérculo roxo chamado ube, que, pensando bem, meio que combina com Buffay. Achamos que Phoebe curtiria tanto que poderia até escrever uma música sobre ube.

DIFICULDADE: Fácil
RENDIMENTO: 1 xícara (240 ml)
TEMPO DE PREPARO: 30 minutos

PARA A BASE DE UBE:
1 ube ou batata-doce roxa média
1 colher de sopa de leite condensado de coco
½ xícara (240 ml) de leite de coco integral ou light

PARA O MACCHIATO:
½ a ¾ xícara (60 a 180 ml) de bebida vegetal de coco
⅛ colher de chá de Calda simples de lavanda e baunilha (página 47) (opcional)

CURIOSIDADE:
Macchiato em italiano significa "manchado", por isso a manchinha tradicional na superfície.

PARA FAZER A BASE DE UBE: Descasque e corte o ube em cubos. Prepare um recipiente para cozimento a vapor. Coloque água na panela e leve a ferver. Cozinhe o ube no vapor, com o recipiente fechado, até ficar macio ao espetar com um garfo, por 10 a 15 minutos.

Em uma tigela, amasse o ube cozido com um garfo.

Em uma tigela pequena, use um mixer portátil ou um mixer de imersão para misturar o purê de ube com os leites de coco. Adicione o leite de coco aos poucos até ficar bem homogêneo. Para uma textura mais lisa, passe a mistura por uma peneira, pressionando com uma espátula. Reserve. Aqueça o purê no micro-ondas por cerca de 40 segundos imediatamente antes de preparar o macchiato.

PARA FAZER O MACCHIATO: Reserve 2 colheres de sopa da base de ube. Bata a bebida vegetal de coco para um latte (veja as instruções na página 11). Para potencializar o sabor, aqueça o leite até o termômetro culinário registrar 60°C. Se o leite não estiver na temperatura correta, aqueça novamente, bata mais um pouco, girando e batendo de leve o recipiente na bancada para eliminar bolhas grandes. Isso vai criar uma microespuma mais fina. Misture as 2 colheres de sopa do purê de ube com o leite batido. Reserve uma pequena porção de espuma de leite. Despeje a espuma restante no centro do latte para criar uma manchinha de cerca de 2 cm. Deslize uma faca do centro da mancha para baixo para fazer o formato de um coração.

Para uma doçura extra, acrescente a calda de baunilha e lavanda no leite batido. Delicie-se!

NOTA: Embora não seja a mesma coisa, a batata-doce roxa pode substituir o ube. Na internet, você encontra pasta de ube em sites internacionais e, se quiser, pode adicionar uma colherada ao leite de coco para intensificar o sabor de ube.

SMOOTHIE DE MORANGO LONDRINO DO JOEY

TEMPORADA 4, EP. 23-24

"Aquele com o casamento do Ross"

Diferentemente de Ross, que às vezes parece meio atrapalhado com as mulheres, Joey sempre acerta em cheio. Quando passa uns dias na nebulosa Londres para o casamento de Ross e Emily, Joey fica com Felicity, uma das damas de honra de Emily, e dela recebe morangos na boca dentro de uma banheira. Em homenagem àquele momento quente e ao tempo frio de Londres, esse smoothie de morango refrescante com certeza faria Joey lembrar-se do excitante encontro.

DIFICULDADE: Fácil
RENDIMENTO: 1 ½ xícara (350 ml)
TEMPO DE PREPARO: 10 minutos, mais 4 a 6 horas para congelar o gelo

2 saquinhos de chá Earl Grey
1 xícara de morangos frescos ou levemente degelados
½ xícara de kefir natural
1 a 2 colheres de sopa de mel
2 tâmaras medjool picadas e sem sementes
¼ xícara de Creme de coco (página 33) ou Creme batido (página 35) (opcional)

Ferva ¾ de xícara de água em uma panela pequena. Retire do fogo e mergulhe os saquinhos de chá na água quente por 2 minutos. Retire os saquinhos e espere o chá esfriar. Coloque o chá em uma fôrma de gelo e leve ao freezer para solidificar, por 4 a 6 horas.

Bata os morangos, o kefir, o mel e as tâmaras no liquidificador até ficar cremoso. Adicione os cubos de chá congelado e bata até ficar bem liso e cremoso. Prove e adicione mais mel se desejar.

Sirva o smoothie em um copo e, se desejar, cubra com o creme de coco.

BEBIDINHAS E INFUSÕES | 43

LATTE BATIDO COM ESPECIARIAS DA MONICA

TEMPORADA 7, EP. 9

"Aquele dos doces"

Essa gostosura com sabor de especiarias e café, inspirada no caramelo Dalgona, parece "gotinhas do paraíso". Dá até para imaginar Monica preparando essa deliciosa bebida temática com a mesma energia que dedicou à produção de doces natalinos para os vizinhos. Como diria Monica: "Você vai amar!"

DIFICULDADE: Média
RENDIMENTO: 1 xícara (240 ml)
TEMPO DE PREPARO: 12 minutos

PARA O CAFÉ BATIDO:
2 colheres de sopa de café instantâneo em pó
2 colheres de sopa de açúcar
2 colheres de sopa de água morna (35°C)

PARA O LEITE COM ESPECIARIAS
½ a ¾ xícaras (120 a 180 ml) de leite
¼ de colher de chá de mistura de especiarias (canela, noz-moscada, cravo, pimenta-da-jamaica e gengibre)
½ colher de chá de extrato de baunilha
Gelo (opcional)

PARA SERVIR:
2 colheres de sopa de Creme batido (página 35) ou creme de leite
1 pitada de sal marinho ou refinado

PARA FAZER O CAFÉ BATIDO: Em uma tigela média, bata o café instantâneo, o açúcar e a água quente com o mixer portátil em alta velocidade, até ficar leve e aerado, por cerca de 10 minutos. Ou use o mixer de imersão com o batedor de claras em um recipiente alto e bata por 3 a 5 minutos.

PARA FAZER O LEITE COM ESPECIARIAIS: Em uma panela pequena em fogo médio, aqueça o leite, duas colheres de chá de café batido, a mistura de especiarias e a baunilha. Prepare o leite com especiarias para um latte ou cappuccino (veja as instruções na página 11). Aqueça até o termômetro culinário registrar 60°C. Se o leite com especiarias não estiver na temperatura correta, aqueça novamente, bata mais um pouco, girando e batendo de leve o recipiente na bancada para eliminar bolhas grandes. Isso vai criar uma microespuma mais fina. Sirva em uma caneca. Para uma bebida gelada, adicione gelo em um copo e despeje o leite com especiarias por cima.

PARA SERVIR: Coloque o restante do café batido por cima do leite com especiarias. Complete com o creme batido e uma pitada de sal.

BEBIDINHAS E INFUSÕES | 45

LASSI DO AMOR COM MANGA E ESPECIARIAS DO GURU SAJ DA PHOEBE

TEMPORADA 3, EP. 23

"Aquele da coisa do Ross"

Phoebe recomenda seu fitoterapeuta para Ross tratar a coisa esquisita que ele tem nas costas, e o fitoterapeuta manda Ross "amar o Koondis". Em vez disso, ele arranca sem querer a coisa com o relógio! Talvez seja um sinal para dedicarmos tempo às coisas que amamos, e Ross poderia começar com esse lassi de manga.

DIFICULDADE: Fácil
RENDIMENTO: 1 xícara (240 ml)
TEMPO DE PREPARO: 15 minutos, mais 15 minutos para esfriar

PARA A CALDA:
- 1 pedaço de 2,5 cm de gengibre descascado e fatiado
- 2 colheres de sopa de açúcar refinado
- 3 colheres de sopa de água
- 1 pitada de pimenta-caiena

PARA O LASSI:
- 1 xícara de manga madura picada ou polpa de manga (se estiver congelada, degele um pouco)
- ¾ xícara de iogurte integral
- 1 a 2 colheres de sopa de leite
- 1 pitada de pimenta-caiena para decorar
- ⅛ colher de chá de cardamomo moído para decorar
- 1 fatia de limão

DICA: Para descascar o gengibre, use a borda de uma colher de chá para raspar e remover a película externa antes de fatiar.

PARA FAZER A CALDA: Em uma panela pequena, leve o gengibre, o açúcar, a água e a pimenta-caiena ao fogo médio e misture até que o açúcar se dissolva, por 1 a 2 minutos. Tire do fogo e deixe esfriar. A calda pode ser feita com 1 dia de antecedência e armazenada na geladeira em um recipiente coberto. Se a calda ficar muito grossa, dilua com 1 ou 2 colheres de chá de água antes de usar.

PARA FAZER O LASSI: Coloque a manga no freezer por cerca de 15 minutos para que fique firme, mas não congelada. Coloque a manga gelada em um processador de alimentos ou use um mixer de imersão e bata até ficar cremosa.

Reserve alguns pedaços de gengibre da calda para decorar. Adicione 1 colher de sopa da calda picante de gengibre, o iogurte e o leite à manga batida e pulse para misturar. Se a manga não estiver bem madura, o purê talvez não fique totalmente liso; se quiser, passe-o por uma peneira.

Coloque o lassi em um copo. Adicione o restante da calda de gengibre. Decore com o gengibre retirado da calda, a pimenta-caiena e o cardamomo. Finalize com a fatia de limão. O lassi pode ser armazenado na geladeira em recipiente coberto por alguns dias. Decore apenas na hora de servir.

"OPA! COM CERTEZA NÃO É POR AÍ... PARECE QUE O IRRITAMOS."

— Guru Saj

46 | BEBIDINHAS E INFUSÕES

LATTE DE LAVANDA E CHÁ DE HORTELÃ DO CHANDLER

TEMPORADA 8, EP. 13

"Aquele em que Chandler toma banho de banheira"

Em uma tentativa de ajudar Chandler a relaxar, Monica o convence a tomar um banho de espuma com sais e velas. Ela até compra um barquinho de brinquedo para o banho ficar com uma pegada mais masculina. O próximo item da lista é um latte calmante com chá de hortelã. Quem dera as massagens de Monica fossem tão relaxantes assim. Ai!

DIFICULDADE: Fácil
RENDIMENTO: 1 xícara (240 ml)
TEMPO DE PREPARO: 10 minutos, mais uma noite para o leite de lavanda

PARA O LEITE DE LAVANDA:
½ xícara (120 ml) de leite
½ colher de chá de lavanda culinária desidratada

PARA A CALDA SIMPLES DE LAVANDA E BAUNILHA:
¼ xícara (60 ml) de água
¼ xícara de açúcar refinado
¼ fava de baunilha cortada no comprimento
1 colher de chá de lavanda culinária seca

PARA O CHÁ
1 xícara (240 ml) de água
1 saquinho de chá de hortelã

PARA FAZER O LEITE DE LAVANDA: Coloque o leite em uma caneca ou tigela pequena. Coloque a lavanda culinária em um infusor de chá e mergulhe no leite. Cubra e deixe de um dia para o outro na geladeira.

PARA FAZER A CALDA SIMPLES DE LAVANDA E BAUNILHA: Em uma panela pequena, ferva a água, o açúcar e a baunilha em fogo médio. Retire do fogo. Adicione a lavanda culinária, cubra e deixe em infusão por 5 minutos. Coe a mistura e deixe esfriar. A calda pode ser armazenada na geladeira em um recipiente coberto por até 5 dias. Se necessário, use um pouco de água para diluir.

PARA FAZER O CHÁ: Ferva a água em uma chaleira, no micro-ondas ou em uma panela pequena. Coloque o saquinho de chá em uma caneca. Despeje a água na caneca, cubra e deixe em infusão por 3 minutos. Retire o saquinho do chá.

Enquanto o chá estiver em infusão, retire a lavanda do leite. Espume o leite de lavanda para o latte (veja as instruções na página 11). Para potencializar o sabor, aqueça o leite até o termômetro culinário registrar 60°C. Se o leite não estiver na temperatura correta, aqueça novamente, bata mais um pouco, girando e batendo de leve o recipiente na bancada para eliminar bolhas grandes. Isso vai criar uma microespuma mais fina. Adicione uma colher de chá de calda de lavanda e baunilha ao leite. Prove e, se desejar, acrescente mais calda de lavanda ou despeje por cima antes de servir. Despeje o leite sobre o chá e delicie-se! O banho de espuma e o barquinho de brinquedos são opcionais.

> "AH. OS SAIS DE BANHO. ESTÃO COMEÇANDO A BORBULHAR. É DIFERENTE. É INTERESSANTE."
> — Chandler

BEBIDINHAS E INFUSÕES | 47

REFORÇADOR DE IMUNIDADE "NÃO ESTOU DOENTE!" DA MONICA

TEMPORADA 6, EP. 13
"Aquele com a irmã da Rachel"

Quando Monica fica doente, ela se recusa a admitir. Prefere tentar convencer Chandler a dar uns amassos, mas ele fica com nojo até ela convencê-lo a massageá-la com Vick VapoRub. Se tivesse tomado esse reforçador de imunidade, Monica estaria se sentindo bem na hora dos amassos. Frutas frescas funcionam bem nessa receita, mas para obter a consistência ideal, recomenda-se que pelo menos duas das frutas da lista abaixo estejam congeladas. As outras frutas podem ser frescas ou congeladas, dependendo da disponibilidade da época.

DIFICULDADE: Fácil
RENDIMENTO: Cerca de 2 ½ xícaras (600 ml)
TEMPO DE PREPARO: 10 minutos, mais 4 horas para congelar as frutas, se necessário

Suco de 1 limão
1 colher de chá de sementes de chia
1 ½ xícara de abacaxi cortado em cubos
½ maçã verde média sem caroço, cortada em cubos
1 pitaya pequena ou média (1 xícara)
½ xícara de manga cortada em cubos
3 tâmaras medjool picadas e sem sementes
¼ de água de coco sem açúcar

Em uma tigela pequena, misture o suco de limão às sementes de chia para que estas se hidratem (uns 10 minutos). Reserve.

Coloque o abacaxi, a maçã e a pitaya em um liquidificador ou processador de alimentos e bata até ficar cremoso. Adicione a manga e as tâmaras e bata ou pulse até incorporar. Adicione a água de coco e a mistura de chia e limão e bata até homogeneizar.

Para uma bebida mais doce, acrescente mais tâmaras, alguns morangos ou suco de abacaxi, laranja ou tangerina.

NOTA: A pitaya é uma fruta rica em vitamina C, e seu gosto parece uma combinação de kiwi com pera. Suas sementes são comestíveis. Você também pode usar polpa de pitaya congelada. Nesse caso, utilize 100 g. Também dá para retirar a polpa da pitaya fresca com uma colher, picar e congelar.

"QUER DIZER QUE VOCÊ NÃO QUER ME PEGAR DE JEITO?"
Monica

CHAI COM LEITE E MAÇÃ DA PHOEBE

TEMPORADA 9, EP. 7
"Aquele com a canção inapropriada do Ross"

Phoebe é uma mistura rara de doçura e exotismo, nada a ver com a garota certinha que os pais de Mike queriam que o filho namorasse. Depois das dicas de moda e das lições de Rachel sobre como agradar os pais elitistas do Mike, Phoebe leva o papel um pouco a sério demais, com um sotaque afetado e atitudes bizarras para tentar impressioná-los. Phoebe pode até sentir que não se encaixa no mundo dos pais de Mike, mas ele continua gostando dela. E, assim como Phoebe, quem disse que uma torta de maçã precisa ser sem graça ou básica? Este latte com certeza não é! Ele é encorpado e cremoso, com a quantidade perfeita de especiarias.

DIFICULDADE: Fácil
RENDIMENTO: 1 xícara (240 ml)
TEMPO DE PREPARO: 15 minutos, mais uma noite para a infusão do leite com especiarias

PARA A CALDA DE CARAMELO COM ESPECIARIAS:
1 pitada de canela em pó
1 pitada de noz-moscada ralada na hora
Calda de caramelo salgado (página 26), feita na hora e ainda morna

PARA O LEITE PERFUMADO COM CHAI:
½ xícara de leite (120 ml)
1 rama de canela
1 fatia de casca de laranja de 5 cm
1 pedaço de 0,5 a 1 cm de gengibre fresco descascado e fatiado finamente
3 bagas de cardamomo esmagadas
1 anis-estrelado
½ colher de chá de Mix de especiarias para chai (página 167) (opcional)

PARA O CHÁ PRETO:
¼ xícara (60 ml) de água
1 saquinho de chá preto ou 1 ¼ colher de chá a granel

PARA O LATTE:
2 colheres de chá de açúcar refinado ou 1 ½ colher de chá de mel
1 dose de espresso (opcional)
¼ a ½ xícara de Creme batido (página 35)
1 rama de canela para decorar (opcional)
1 fatia de maçã desidratada ou liofilizada para decorar (opcional)

PARA FAZER A CALDA DE CARAMELO COM ESPECIARIAS:
Acrescente a canela e a noz-moscada ao caramelo. Mexa bem. Na hora de usar, aqueça em fogo baixo ou no micro-ondas por 15 segundos.

PARA FAZER O LEITE PERFUMADO COM CHAI: Em um jarro medidor de vidro, misture o leite, a rama de canela, a casca de laranja, o gengibre, o cardamomo e o anis-estrelado e deixe em infusão de um dia para o outro. Coe. Outra opção é usar apenas o mix de especiarias e a casca de laranja.

PARA FAZER O CHÁ PRETO: Ferva a água no micro-ondas, numa chaleira ou panela pequena. Coloque em uma caneca, mergulhe o saquinho de chá (ou o infusor com o chá a granel), cubra e deixe descansar por 4 minutos.

PARA FAZER O LATTE: Bata o leite perfumado com chai no espumador (veja as instruções na página 11). Aqueça o leite até marcar 60°C no termômetro culinário. Se o leite não estiver na temperatura correta, aqueça novamente, bata mais um pouco e vá girando e batendo devagar o espumador de leite no canto do seu balcão para eliminar quaisquer bolhas grandes. Isso produzirá uma microespuma mais fina. Adicione açúcar ao leite ou ao chá quente. Reaqueça ou bata o leite se necessário para manter a textura e a temperatura corretas. Se desejar, adicione o espresso ao chá. Adicione o leite perfumado com chai. Cubra com a calda de caramelo. Se quiser, decore com um pedaço de canela e/ou a fatia de maçã. Delícia!

BEBIDINHAS E INFUSÕES | 49

CHÁ DE SANGRIA DE MARACUJÁ DA RACHEL

TEMPORADA 7, EP. 20

"Aquele com o beijo da Rachel"

Melissa, uma antiga colega de faculdade de Rachel, aparece no Central Perk certo dia, e as duas ficam muito felizes com o reencontro. Rachel confessa a Phoebe que deu um beijo às escondidas em Melissa na época da faculdade, depois de se exceder na sangria. Phoebe não acredita em Rachel, dizendo que ela não comete loucuras desse tipo porque ela é muito "sem graça". Essa sangria, nada sem graça, com certeza deixará uma impressão inesquecível, como a que Rachel deixou em Melissa. Sirva com ou sem chá.

DIFICULDADE: Fácil
RENDIMENTO: Cerca de 2 a 2 ¼ xícaras (500 a 540 ml)
TEMPO DE PREPARO: 15 minutos, mais 1 hora para gelar

- 2 polpas de maracujá fresco com sementes (ou 1 colher de sopa de suco de maracujá concentrado ou polpa de maracujá congelada)
- 1 xícara (240 ml) de suco de uva verde
- ¼ de xícara (60 ml) de suco de maçã
- Suco de ½ laranja grande
- Suco de ½ limão-siciliano médio
- Suco de ½ limão-taiti
- ½ maçã fuji ou honeycrisp média sem caroço, cortada em cubos
- ½ laranja descascada, fatiada e cortada em quatro partes iguais
- ½ limão-taiti fatiado
- ½ limão-siciliano cortado em meias-luas
- 1 pedaço de 5 cm de fava de baunilha (opcional)
- ½ xícara (120 ml) de chá gelado de maracujá ou baunilha (opcional)

Em um jarro medidor de vidro, misture o maracujá, os sucos de uva, maçã, laranja, limão-siciliano e limão-taiti, mais a maçã, a laranja, o limão-siciliano, o limão-taiti e a baunilha. Deixe gelar por uma hora. Acrescente gelo e algumas das frutas picadas da sangria nos copos antes de servir. Se quiser usar chá, coloque ¼ de xícara de chá em cada copo e depois a sangria de frutas por cima. Coloque o restante das frutas com uma colher em cada copo. Sirva o copo acompanhado de uma colher de chá comprida.

DICA: Se não encontrar maracujá fresco ou polpa de maracujá, substitua por polpa de manga ou kiwi batida no liquidificador.

"FOI NO ÚLTIMO ANO DE FACULDADE... EU E MELISSA FICAMOS SUPERBÊBADAS E ACABAMOS NOS BEIJANDO... POR VÁRIOS MINUTOS."
— Rachel

CHÁ COM LEITE E POBÁ DA JULIE AO ESTILO HONG KONG

TEMPORADA 2, EP. 1

"Aquele com a nova namorada de Ross"

Ross conhece uma de suas namoradas, Julie, em uma viagem de negócios à China. Só que a coisa não é tão perfeita quanto o imaginado, pois ele percebe que ainda tem sentimentos por Rachel. Popular em Hong Kong, essa bebida de leite e chá preto com pérolas de tapioca também é conhecida como bubble tea. É refrescante, doce na medida certa e com bolinhas mastigáveis de tapioca. Pode ser servida quente ou fria, o que parece refletir a relação de Ross e Julie.

DIFICULDADE: Difícil
RENDIMENTO: 200 ml quente ou 300 ml frio
TEMPO DE PREPARO: 35 minutos, mais 35 minutos se utilizar o pobá

CHÁ QUENTE COM LEITE

3 ½ xícaras (800 ml) de água
5 saquinhos de chá preto
2 colheres de sopa de leite condensado
1 xícara (240 ml) de leite evaporado
1 colher de chá de mel
1 colher de chá de açúcar refinado

CHÁ GELADO COM POBÁ

1 xícara de pobá (pode ser substituído por sagu)
½ xícara (120 ml) de Calda de açúcar básica feita com mel ou açúcar mascavo (página 27)
1 xícara de cubos de gelo
⅛ xícara (30 ml) de leite integral
⅛ xícara (30 ml) de creme de leite fresco

NOTA DO EDITOR: Pouco usado no Brasil, o leite evaporado tem 60% da água removida por evaporação. Você pode preparar em casa; para essa receita, reduza 600 ml até os 240 ml, cozinhando em fogo médio-baixo depois de ferver, mexendo de vez em quando. Coe para remover nata e espuma que possam se formar no processo.

PARA FAZER O CHÁ QUENTE COM LEITE: Aqueça a água em uma chaleira ou panela média. Coloque os saquinhos de chá na água e deixe ferver. Quando o chá começar a espumar, abaixe o fogo. Cubra e deixe sobre a chama por mais 5 minutos.

Retire a panela do fogo, descarte os saquinhos e coe o chá, colocando-o em um jarro resistente ao calor. Faça a aeração do chá, despejando-o de volta para a chaleira ou panela usada no preparo de uma altura de 25 cm. Repita a aeração de 4 a 6 vezes, terminando com o chá na panela. Leve o chá de volta ao fogo e aqueça em fogo baixo até a hora de servir.

Divida o leite condensado, o leite, o creme de leite fresco, o mel e o açúcar em partes iguais, colocando-os em duas canecas e misture bem. Coloque pouco menos de 1 xícara de chá quente em cada caneca. Mexa e saboreie, ou use como base para o chá gelado com pobá.

PARA O CHÁ GELADO COM POBÁ: Leve o chá com leite ao refrigerador para gelar. A bebida pode ser feita um dia antes e armazenada na geladeira em um recipiente de vidro.

Prepare o pobá ou sagu de acordo com as instruções da embalagem. Certifique-se de colocar água suficiente na panela e não deixe as bolinhas apinhadas. Mexa com frequência para evitar que grudem.

Coloque a calda simples em uma tigela ou jarro. Coe o pobá ou sagu cozido e junte à calda simples. Deixe gelar antes de usar. Para a textura mastigável característica, o pobá ou sagu precisa ser consumido em até 24 horas após o preparo.

Para fazer o chá com leite e pobá gelado, prepare 2 copos altos. Coloque o pobá ou sagu e cerca de 2 colheres de sopa de calda em cada copo. Acrescente gelo a gosto e o chá com leite gelado. Complete com a mistura de leite e creme de leite fresco e, para uma bebida mais doce, regue com a calda restante. Sirva com um canudo extralargo ou com uma colher de chá comprida.

CAFÉ HAVANA DO SR. GELLER

TEMPORADA 6, EP. 9

"Aquele em que Ross fica doidão"

Phoebe tem uma paixonite pelo sr. Geller depois de sonhar que ele a resgata de um incêndio. Ela se sente atraída até mesmo quando o vê tomando leite condensado direto da lata após um jantar de Ação de Graças da turma. Poderia ter sido ainda melhor se o sr. Geller estivesse tomando essa popular bebida cubana à base de café, que contém leite condensado.

Essa bebida com sabor marcante de café tem no topo uma camada doce e cremosa de caramelo. Essa camada, chamada de *espumita*, é o complemento perfeito para o gosto tradicionalmente amargo da infusão. Para a bebida autêntica, compre ou pegue emprestada uma cafeteira italiana de fogão e use açúcar demerara para produzir um sabor rico e intenso de caramelo. A pasta de açúcar pode ser colocada por cima de um espresso duplo; contudo, não haverá o mesmo equilíbrio de sabores proporcionado por uma cafeteira italiana. Esse café especial dá um certo trabalho, assim como os jantares de Ação de Graças da Monica, mas o resultado vale a pena!

DIFICULDADE: Difícil
RENDIMENTO: 6 xícaras de cafezinho
TEMPO DE PREPARO: 15 minutos

- 3 a 4 colheres de sopa de café torrado para espresso com moagem média ou fina
- 1 pitada de pimenta-caiena
- ⅛ de colher de chá de canela em pó
- 3 a 4 colheres de sopa de açúcar demerara ou refinado, e mais a gosto
- 1 pitada de sal (opcional)
- Creme de leite fresco ou leite condensado para servir

Coloque na cafeteira italiana a água e o café necessários para 6 xícaras de cafezinho. Leve a cafeteira ao fogo e comece a infusão com a tampa aberta.

Para fazer a *espumita*, misture a pimenta-caiena, se desejar, a canela, 3 colheres de sopa de açúcar e o sal, se desejar, em um pequeno recipiente de vidro ou metal. Reserve.

Quando o espresso estiver passado, despeje algumas gotas aos poucos no recipiente com o açúcar e a canela para fazer a *espumita*. Mexa ou bata vigorosamente até o líquido ser absorvido e os cristais de açúcar começarem a se dissolver. Continue a acrescentar gotas do café passado, mexendo ou batendo vigorosamente. A proporção de açúcar e café estará perfeita quando a mistura estiver espessa e pastosa, com um tom de caramelo claro e alguns grãos de açúcar aparentes (se usar açúcar demerara) ou uma textura mais lisa (se usar açúcar refinado). Cuidado para não colocar muito líquido de uma vez só, senão a pasta de açúcar vai desandar. Quanto mais batido, melhor, então prepare-se para malhar os braços para valer.

Enquanto isso, leve a cafeteira de volta ao fogo médio e termine de passar o café. Quando estiver pronto, despeje a pasta de açúcar densa na cafeteira com o auxílio de uma colher. A maior parte do açúcar vai ficar sobre o café, criando uma espessa camada de *espumita*.

Sirva o café em xícaras de cafezinho com creme de leite ou leite condensado para acompanhar. Não se esqueça da colher de cafezinho. Delicioso!

DICA: Depois de servir o café, coloque um pouco de água na cafeteira para evitar que resquícios do açúcar endureçam. Para obter um resultado melhor, faça essa receita com café cubano de moagem fina, entre café coado e espresso. Para uma bebida mais doce, coloque mais açúcar na hora de fazer a pasta.

"SONHEI COM O SR. GELLER NA NOITE PASSADA... SONHEI QUE ELE ME RESGATAVA DE UM PRÉDIO EM CHAMAS. ELE ERA TÃO CORAJOSO E TÃO FORTE. ISSO ESTÁ ME FAZENDO OLHAR PARA ELE DE UM JEITO TOTALMENTE DIFERENTE... AGORA ELE É JACK GELLER, O BONITÃO DOS MEUS SONHOS... AI, RACHEL, OLHA LÁ, OLHA AQUELAS MÃOS FORTES. EU DARIA TUDO PARA SER AQUELA LATA DE LEITE CONDENSADO."

Phoebe

LATTE FOGOSO DE GENGIBRE MELHOR QUE O "TERCEIRO MAMILO" DO CHANDLER

TEMPORADA 3, EP. 14

"Aquele com a ex-parceira da Phoebe"

Joey entra em pânico quando dá de cara com Ginger, a nova garota com quem Chandler está saindo, porque ele também já havia saído com ela. Na verdade, as coisas não acabaram bem quando ele sem querer usou a prótese de madeira de Ginger para acender a lareira durante um fim de semana em uma cabana. Enquanto isso, Chandler se debate a respeito de ficar com Ginger por causa da prótese e de sua lamentável busca da mulher "perfeita". Em uma curiosa reviravolta do destino, Ginger acaba rejeitando Chandler por causa do seu "terceiro mamilo". Em homenagem a Ginger, a Chandler e ao fogoso incidente, faça esse delicioso latte com gengibre, perfeito para o seu fim de semana em uma cabana de madeira.

DIFICULDADE: Fácil
RENDIMENTO: 1 xícara (240 ml)
TEMPO DE PREPARO: 15 minutos

PARA A CALDA DE GENGIBRE:
- 3 colheres de sopa mais ¼ de colher de chá de açúcar mascavo
- 1 colher de sopa de açúcar refinado
- 1 pedaço de 2,5 cm de gengibre descascado e cortado em fatias finas
- 1 pitada de pimenta-da-jamaica moída
- 1 pitada de cardamomo moído
- 1 pitada de pimenta-caiena, ou mais se quiser mais picante
- ⅛ colher de chá de pimenta-branca moída
- 1 pitada de noz-moscada ralada na hora
- ¼ xícara (60 ml) de água
- 1 colher de chá de melado
- 1 rama de canela ou ½ colher de chá de canela em pó

PARA O LATTE DE GENGIBRE:
- ½ a ¾ xícara (120 a 180 ml) de leite de sua preferência
- 1 espresso duplo
- ¼ xícara de Creme batido (página 35)
- Noz-moscada ralada na hora para decorar
- 1 pitada de pimenta-caiena para decorar
- 1 pitada de canela em pó para decorar

PARA FAZER A CALDA DE GENGIBRE: Misture o açúcar mascavo, o açúcar refinado, o gengibre, a pimenta-da-jamaica, o cardamomo, a pimenta-caiena, a pimenta-branca, a noz-moscada, a água, o melado e a canela em uma panelinha antiaderente e leve ao fogo médio. Deixe cozinhar sem mexer até a superfície ficar cheia de bolhas, em cerca de 3 minutos. Retire do fogo e mexa. Leve a panela de volta ao fogo e aqueça a calda até que se formem bolhas na superfície, em cerca de 30 segundos, então retire a panela do fogo. Cubra e deixe em infusão por 10 minutos. Coe a calda em um jarro ou tigela resistente ao calor e deixe esfriar. A calda vai engrossar à medida que esfria. Pode ser feita com antecedência e, depois de fria, pode ser armazenada na geladeira em um recipiente coberto por até 3 dias. Acrescente uma colher de chá de água quente se necessário para diluir a calda antes de usar.

PARA FAZER O LATTE DE GENGIBRE: Coloque duas colheres de sopa da calda de gengibre em uma caneca. Prepare o leite para o latte (veja as instruções na página 11). Aqueça o leite até marcar 60°C no termômetro culinário. Se o leite não estiver na temperatura correta, aqueça novamente, bata mais um pouco e vá girando e batendo devagar o espumador de leite no canto do seu balcão para eliminar quaisquer bolhas grandes. Isso produzirá uma microespuma mais fina. Acrescente duas doses de espresso à calda e mexa bem. Junte o leite ao espresso e à calda. Com uma colher ou saco de confeitar, coloque o creme batido por cima. Adicione a noz-moscada, a pimenta-caiena e a canela. Se quiser um latte mais doce e picante, regue com o restante da calda de gengibre.

BEBIDINHAS E INFUSÕES | 57

CHÁ DE FLOR DA FADA AZUL COM LIMÃO DA PHOEBE

TEMPORADA 10, EP. 12

"Aquele com o casamento da Phoebe"

Essa bebida, cuja cor muda do azul para o lilás depois que a limonada é adicionada, simboliza a transformação de Phoebe em noiva e ressalta o fato de ela mesma ser a "coisa azul" no casamento. Phoebe não vai permitir que uma nevasca estrague seu casamento! Ela está disposta a congelar para poder se casar com o amor da sua vida, Mike Hannigan. Mas em vez do casamento formal que haviam planejado, eles se casam na neve em frente ao Central Perk. O grande dia do casamento é caótico, mas esse chá gelado com certeza vai criar um astral zen gostoso.

DIFICULDADE: Fácil
RENDIMENTO: 1 xícara (240 ml)
TEMPO DE PREPARO: 10 minutos

- ¾ xícara (180 ml) de água
- 6 flores de fada azul desidratadas (compradas online ou em lojas de especialidades)
- 5 a 6 colheres de sopa de açúcar refinado, divididas
- ¼ xícara (60 ml) de suco de limão-siciliano
- Gelo para servir
- Fatias de limão-siciliano ou laranja para decorar

DICA: Para obter mais suco dos limões, pressione-os e role-os por vários segundos com a palma da mão contra uma superfície dura antes de espremê-los.

Em uma panela média, ferva a água em fogo alto. Retire do fogo, adicione as flores da fada azul desidratadas e deixe em infusão por 5 minutos. Deixe esfriar.

Em uma tigela pequena, misture uma colher de sopa de açúcar com o suco de limão. Adicione mais uma colher de açúcar se desejar.

Para cobrir a borda do copo de açúcar, espalhe o restante do açúcar (3 a 4 colheres de sopa) em um prato pequeno. Passe a borda do copo na base de limonada e em seguida no açúcar. Adicione gelo ao copo. Sirva o chá. Coloque a base de limonada por cima do chá. Veja a cor do chá mudar de azul para roxo. Coloque a fatia de laranja na borda do copo e sirva.

"EU SEREI MINHA COISA AZUL."
— Phoebe

BEBIDINHAS E INFUSÕES | 59

CHÁ GELADO TAILANDÊS PARA QUEM ODEIA A RACHEL

TEMPORADA 8, EP. 9
"Aquele com o boato"

Will, um amigo de Ross, odiava Rachel para valer nos tempos de escola, pois tinha uma queda por ela e Rachel não lhe dava bola; por isso ele fundou o clube "Eu odeio a Rachel". O clube tinha três membros: Ross, Will e um intercambista da Tailândia. Em homenagem ao clube, esse chá gelado tailandês, com a tradicional cor alaranjada, um toque de baunilha e creme de leite fresco é mais um jeito de chamar a atenção de Rachel.

DIFICULDADE: Fácil
RENDIMENTO: 1 ½ xícara (360 ml)
TEMPO DE PREPARO: 5 minutos mais o tempo de esfriar

- ¾ xícara (180 ml) de água
- 1 saquinho de chá tailandês
- 3 colheres de sopa de leite condensado ou leite condensado de coco, divididas
- ⅓ xícara (90 ml) de leite integral
- ⅓ xícara (90 ml) de creme de leite fresco
- Gelo para servir

Ferva a água. Coloque o saquinho de chá em um jarro medidor de vidro pequeno. Adicione a água fervente e deixe em infusão, coberto, por 5 minutos. Retire o saquinho de chá e deixe esfriar, depois coloque o chá na geladeira por cerca de 15 minutos.

Espalhe 1 colher de sopa de leite condensado pelas paredes de um copo. Adicione alguns cubos de gelo. Misture 1 colher de sopa de leite condensado ao chá. Em um recipiente separado, misture a colher de sopa restante de leite condensado com o creme de leite fresco e o leite e despeje no jarro com o chá. Sirva sobre o gelo no copo. Experimente. Coloque mais leite condensado se desejar. Delicie-se!

"O CLUBE EU ODEIO A RACHEL NA VERDADE ERA O CLUBE EU AMO A RACHEL."
Ross

LATTE DO BLECAUTE DA RACHEL

TEMPORADA 1, EP. 7

"Aquele com o blecaute"

Certa noite, durante um apagão, Rachel encontra um gato de rua. Ela sai determinada a encontrar o dono do gato e volta com Paolo, um belo rapaz italiano, o que deixa Ross enciumado. Ross não conseguia sair da *friendzone*, mas esse latte de coco e avelã, com opção sem lactose, é de desmaiar de gostoso e talvez faça você sair da casinha.

DIFICULDADE: Fácil
RENDIMENTO: 1 xícara (240 ml)
TEMPO DE PREPARO: 10 minutos, mais 24 horas para resfriar o creme de coco

- ¼ a ½ xícara de Creme de coco batido (página 35)
- 1 colher de chá de açúcar refinado (opcional)
- 2 colheres de sopa de calda de chocolate
- 1 espresso duplo
- 1 colher de sopa de cacau para polvilhar
- ½ xícara (120 ml) de Leite de avelã e aveia (página 31)

Em uma tigela média, usando um mixer portátil ou um mixer de imersão, bata o creme de coco até formar picos moles. Se usar mixer de imersão, use um recipiente de plástico alto para bater os ingredientes. Continue a bater até que se formem picos mais firmes, por mais alguns segundos. Confira o açúcar e adicione mais se quiser. Reserve.

Coloque a calda de chocolate em uma caneca. Despeje o espresso sobre a calda de chocolate. Polvilhe uma camada uniforme de cacau sobre o espresso.

Bata o leite de avelã e aveia para o latte (ver instruções na página 11). Aqueça o leite até marcar 60°C no termômetro culinário. Se o leite não estiver na temperatura correta, aqueça novamente, bata mais um pouco e vá girando e batendo devagar o espumador de leite no canto do seu balcão para eliminar quaisquer bolhas grandes. Isso produzirá uma microespuma mais fina. Despeje sobre o espresso. Coloque o creme de coco batido usando uma colher ou um saco de confeiteiro. Caso use saco de confeiteiro, coloque ½ xícara de creme de coco para enchê-lo.

BEBIDINHAS E INFUSÕES | 61

CAFÉ AFFOGATO DO PAOLO

TEMPORADA 1, EP. 12

"Aquele com uma dúzia de lasanhas"

A relação apaixonada de Rachel com o bonitão Paolo esfria quando ela descobre que ele deu em cima de Phoebe durante uma massagem. O affogato, uma gostosura italiana clássica, é o equilíbrio perfeito entre quente e frio, bem diferente da relação entre Rachel e Paolo. Evocando o affair italiano de Rachel, essa sobremesa é uma excitante combinação do amargo do café e o doce do sorvete.

DIFICULDADE: Fácil
RENDIMENTO: ½ xícara de sorvete mais o espresso
TEMPO DE PREPARO: 10 minutos

- 2 bolas de sorvete ou gelato de baunilha de boa qualidade
- 1 dose de espresso quente, ou 30 ml de café passado extraforte
- Calda simples aromatizada ou licor italiano (amaretto ou Frangelico) para regar (opcional)
- Castanhas caramelizadas moídas do Mix de frutas secas & sementes adoçadas iradas do Eddie (página 100), para a cobertura

Coloque o sorvete em uma cumbuca de sobremesa ou caneca de vidro. Coloque a cumbuca ou caneca em uma bandeja e leve ao freezer por 5 minutos.

Prepare o espresso. Deixe esfriar por 1 minuto. Tire o sorvete do freezer. Regue com a calda, se usá-la. Despeje o espresso sobre o sorvete ou sirva ao lado e finalize na mesa. Polvilhe com as castanhas caramelizadas moídas, se usá-las.

DICA: Sorvetes de chocolate, caramelo, avelã e café também são boas opções, mas é o sorvete de baunilha que deixa o sabor do café brilhar. Para uma versão gelada, use café extraído a frio no lugar do espresso.

"NA PRIMEIRA VEZ QUE ELE SORRIU PARA MIM, AQUELES TRÊS PRIMEIROS SEGUNDOS FORAM MAIS EXCITANTES DO QUE TRÊS SEMANAS NAS ILHAS BERMUDAS COM O BARRY."
Rachel

CAPPUCCINO COM ESPUMA DE HORTELÃ DA LADRA DO JINGLE DA PHOEBE

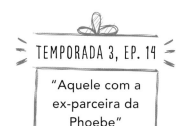

TEMPORADA 3, EP. 14
"Aquele com a ex-parceira da Phoebe"

Esse cappuccino com sabor de hortelã e borda de biscoito de menta faz referência à ex-parceira de Phoebe que rouba a música do "gatinho fedido" para usar em uma propaganda de areia para gato – e fará você se sentir como um gatinho lambendo um pires de leite morno em uma noite fria. Com uma bebida doce assim, coberta de delícias, é difícil ficar amargurado, mesmo que um amigo ou sócio arme uma jogada pelas suas costas para ganhar uma grana fácil.

DIFICULDADE: Fácil
RENDIMENTO: De ¾ a 1 xícara (180 a 240 ml)
TEMPO DE PREPARO: 15 minutos

PARA A BORDA DE BISCOITO:
¼ xícara de gotas de chocolate amargo (60% cacau)
¼ colher de chá de manteiga sem sal em temperatura ambiente
3 biscoitos de chocolate com menta triturados
2 balas de hortelã trituradas

PARA A BASE DE HORTELÃ E CACAU:
2 colheres de sopa de cacau em pó
1 colher de sopa mais 1 ½ colher de chá de leite
1 colher de sopa de açúcar refinado
⅛ colher de chá de extrato de hortelã

PARA A ESPUMA DE HORTELÃ:
½ a ¾ (120 a 180 ml) de leite ou leite vegetal
1 colher de sopa mais 1 ½ colher de chá de Calda de açúcar básica (página 27) ou mais a gosto
⅛ colher de chá de extrato de hortelã

PARA O CAPPUCCINO:
1 dose de espresso duplo
Creme batido (página 35) (opcional)

PARA FAZER A BORDA DE BISCOITO: Coloque as gotas de chocolate em um recipiente próprio para micro-ondas. Leve ao micro-ondas em potência média por cerca de 30 segundos. Mexa, depois leve ao micro-ondas por mais 30 segundos até o chocolate derreter, cuidando para não aquecer demais. Não deixe o chocolate entrar em contato com a água para não talhar. Adicione a manteiga e mexa até ficar cremoso. Reserve.

Espalhe os biscoitos e balas triturados em um prato e misture bem. Mergulhe a borda de uma caneca no chocolate para cobrir, em seguida mergulhe a borda na mistura de biscoitos. Deixe secar. Se necessário, coloque na geladeira por 5 minutos para endurecer.

PARA FAZER A BASE DE HORTELÃ E CACAU: Em uma tigela própria para micro-ondas ou um jarro medidor de vidro, misture o cacau em pó, o leite, o açúcar e o extrato de hortelã. Reserve.

PARA FAZER A ESPUMA DE HORTELÃ: Bata o leite para cappuccino (ver instruções na página 11). Aqueça o leite até a temperatura atingir 60°C em um termômetro culinário. Se o leite não estiver na temperatura correta, aqueça novamente, bata mais um pouco e vá girando e batendo devagar o espumador de leite no canto do seu balcão para eliminar quaisquer bolhas grandes. Isso produzirá uma microespuma mais fina. Em seguida, misture a calda e o extrato de hortelã no leite. Reaqueça ou espume o leite conforme necessário para manter a textura e a temperatura adequadas antes de despejar na base.

PARA FAZER O CAPPUCCINO: Aqueça a base de hortelã e cacau no micro-ondas por 20 a 30 segundos. Adicione o espresso e despeje por cima a espuma de leite e hortelã. Com uma colher ou saco de confeiteiro, coloque o creme batido, se desejar. Sirva imediatamente, antes que a borda de biscoito comece a derreter mais rápido do que a amizade da Phoebe.

MACCHIATO DE MATCHÁ SALGADO COM "LÁGRIMAS" DA RACHEL

TEMPORADA 4, EP. 4

"Aquele da dança de salão"

Ao longo da série, Rachel acabou ganhando fama de chorona. Uma situação chorosa acontece quando Monica diz a Rachel que quer morar com Chandler sem ela. Nessa bebida, a mistura do doce do mel com o salgado do cream cheese equilibra o sabor forte da base de matchá. É como se as lágrimas da Rachel, as piadas sem graça do Chandler e a personalidade forte da Monica se juntassem em uma bebida deliciosa! É uma combinação de sabores "matchadora"!

DIFICULDADE: Média
RENDIMENTO: 1 a 1¼ xícara (240 a 300 ml)
TEMPO DE PREPARO: 10 minutos

- 1 colher de chá de matchá em pó sem açúcar, mais um pouco para decorar
- ½ a ¾ xícara (120 a 180 ml) de água quente (70°C a 80°C)
- ½ xícara de Espuma de queijo com mel (página 34)
- 1 pitada de sal marinho ou sal rosa do Himalaia

Encha uma caneca com água quente e deixe a caneca esquentar por alguns segundos. Descarte a água. Coloque o matchá em pó na caneca aquecida ou em uma tigela pequena. Usando um batedor de bambu chamado chasen, adicione a água quente, batendo rapidamente de um lado para o outro até fazer espuma e o matchá se dissolver, de 1 ½ a 3 minutos. Outra opção é colocar a água em um espumador elétrico. Polvilhe o matchá na água. Ligue o espumador. Bata até misturar bem e o matchá ficar espumoso na superfície, por cerca de 2 minutos.

Outro método é aquecer a água a 75°C. Coloque o matchá em uma caneca. Use um mixer portátil para misturar lentamente a água e o matchá, adicionando uma colher de chá de água de cada vez e batendo até formar uma pasta. Continue adicionando água até ficar espumoso.

Se usar uma tigela, transfira o matchá para a caneca escaldada. Coloque a espuma de cream cheese por cima do matchá pronto. Polvilhe um pouquinho de pó de matchá sobre a espuma, criando um pequeno círculo. Se desejar, polvilhe com sal marinho.

"AH, LÁ VEM A CHORADEIRA."
Phoebe

64 | BEBIDINHAS E INFUSÕES

CAFÉ EXTRAÍDO A FRIO COM COCO, ESCURO & TEMPESTUOSO DO ROSS

TEMPORADA 3, EP. 25

"Aquele da praia"

Em uma viagem em grupo para a praia, Rachel, com ciúmes, convence Bonnie, a namorada de Ross, a raspar a cabeça. Visivelmente chateado pelo desenrolar dos acontecimentos, Ross diz, frustrado, que "dá para ver a luz da lua refletindo na cabeça dela", como um coco. Esse momento inspirou essa bebida à base de café extraído a frio com um toque de raiz de chicória, uma camada de leite de coco condensado e cobertura de creme de coco. Não é preciso raspar a cabeça para saborear essa delícia!

DIFICULDADE: Fácil
RENDIMENTO: 1 ¾ xícara (400 ml)
TEMPO DE PREPARO: 12 minutos, mais 6 horas para congelar o gelo

- 1 xícara (240 ml) de Café extraído a frio (página 26) (use um café de torra forte com um pouco de raiz de chicória, se desejar), dividida
- ½ xícara de Creme de coco (página 33) com ⅛ colher de chá de extrato de coco
- 2 colheres de sopa de calda de chocolate, em uma bisnaga
- 1 colher de chá de leite condensado (ou leite condensado de coco), mais um pouco se necessário
- ½ xícara de sorvete de baunilha de boa qualidade

Encha uma fôrma de gelo com café extraído a frio e congele por 6 horas ou de um dia para o outro.

Faça o creme de coco, adicionando o extrato de coco um pouco antes de chegar no ponto. Reserve.

Regue dois copos altos com a calda de chocolate. Reserve.

Em um liquidificador, bata o leite condensado, o gelo de café, a ½ xícara restante de café extraído a frio e o sorvete até obter uma textura densa de milk-shake. Verifique o açúcar e, se desejar, misture mais leite condensado a gosto. Coloque o café batido a colheradas no copo preparado.

Incline o copo e derrame o creme de coco sobre o café batido, para que o creme flutue. Use um canudo reutilizável e delicie-se!

CAFÉ EXTRAÍDO A FRIO COM CREME DE BAUNILHA DA RACHEL

TEMPORADA 7, EP. 20
"Aquele com o beijo da Rachel"

Certa vez Phoebe chamou Rachel de "baunilha", sem graça, por causa de seu estilo de vida prudente e sem riscos, mas Ross se derrete pelo lado doce e ardente de Rachel, apesar dos momentos frios do relacionamento deles. Essa bebida resume tudo o que adoramos em Rachel. É uma das preferidas dos fãs: forte, sem dúvidas, mas também suave, com um toque de creme doce e caramelo salgado. É original e não aceita imitações. É boa de verdade e perfeita se você quer um gostinho de Rachel ou está... "dando um tempo".

DIFICULDADE: Fácil
RENDIMENTO: Cerca de 1 ¼ xícara (300 ml)
TEMPO DE PREPARO: 10 minutos, mais 6 horas para congelar

- 1 ¼ a 1 ½ xícara (300 a 400 ml) de Café extraído a frio, dividido (página 26)
- 1 a 2 colheres de sopa de leite condensado
- ½ a ¾ xícara (120 a 180 ml) de Creme doce básico, preparado com a mistura de leite integral e creme de leite fresco em partes iguais (página 33)
- ⅛ colher de chá de extrato ou sementes de baunilha
- 2 colheres de sopa de Calda de caramelo salgado com café instantâneo em pó (página 26), ou 2 colheres de sopa de calda de caramelo comprada pronta com 1 colher de chá café instantâneo em pó, aquecidas

Coloque ¾ de xícara de café extraído a frio em fôrmas de gelo e leve para congelar por cerca de 6 horas.

Coloque o leite condensado em um copo alto. Adicione o gelo de café e despeje o restante do café extraído a frio. Prove; se o sabor do café estiver forte demais, acrescente um pouco de água fria para diluí-lo antes de usar.

Coloque o creme doce em uma tigela pequena. Misture a baunilha. Mexa o creme no recipiente ou use uma colher para verificar a consistência. Se necessário, bata por alguns segundos com um mixer portátil ou um mixer de imersão em um recipiente alto até aerar. A mistura deve ficar cremosa e aerada, parecendo um sorvete espesso derretido.

Incline o copo com o café a um ângulo de 45° e despeje o creme. Isso fará o creme doce flutuar. Para uma bebida misturada, coloque o creme direto no café, sem inclinar o copo. Regue com a calda de caramelo.

DICA: O uso da mistura de leite integral e creme de leite fresco na receita produz um creme doce mais espesso e cremoso, que flutuará.

"AQUELA NOITE FOI A ÚNICA COISA LOUCA QUE FIZ EM TODA A MINHA VIDA E NÃO VOU DEIXAR VOCÊ TIRAR ISSO DE MIM."

Rachel

Mimos

{MATINAIS}

SANDUÍCHE DE GOUDA DEFUMADO DO CAFÉ DA MANHÃ DO CHANDLER

TEMPORADA 1, EP. 3
"Aquele com o dedão"

Diferentemente do cigarro de Chandler, esse sanduíche no pão de hambúrguer com pesto, rúcula, queijo gouda defumado e presunto cru é um vício que você não vai querer largar. Só não deixe Phoebe pedir um refrigerante, nem aceite aquele chapéu de papel-alumínio!

DIFICULDADE: Fácil
RENDIMENTO: 1 sanduíche
TEMPO DE PREPARO: 10 minutos

1 pão de hambúrguer
1 colher de sopa de manteiga sem sal
2 colheres de sopa de pesto
2 fatias de queijo gouda defumado
1 ovo grande
Sal e pimenta-do-reino moída na hora
1 fatia de presunto cru
Cerca de ¼ de xícara de rúcula ou folhas mistas soltas

Corte o pão ao meio na horizontal e aqueça no forno até ficar levemente crocante, por cerca de 3 minutos. Reserve.

Derreta a manteiga em uma frigideira média de ferro ou antiaderente, em fogo médio-baixo.

Espalhe o pesto na parte interna da metade superior do pão. Coloque o queijo na metade inferior.

Quebre o ovo na frigideira, aumente o fogo para médio e cozinhe até as bordas ficarem opacas, por cerca de 3 minutos. Vire o ovo com uma espátula e deixe cozinhar até a clara ficar bem firme, mas a gema continuar mole, por cerca de 1 a 2 minutos. Com uma espátula, transfira o ovo para a metade inferior do pão, por cima do queijo. Condimente a gosto com sal e pimenta.

Coloque o presunto na mesma panela e leve ao fogo médio. Cozinhe por cerca de 40 segundos de cada lado, até as bordas ficarem crocantes e douradas. Cubra o ovo com o presunto cozido, a rúcula e a outra metade do pão. Sirva imediatamente.

Para um sanduíche frio, deixe os ingredientes quentes esfriarem antes de montar o sanduíche. O pesto pode ser colocado depois se o sanduíche for embalado para viagem.

> "QUANDO VOCÊ O SEGURA, VOCÊ SE SENTE BEM. VOCÊ SE SENTE COMPLETO."
> Chandler

MIMOS MATINAIS | 71

PANQUECAS VOADORAS COM FRUTAS SILVESTRES DO JOEY

TEMPORADA 4, EP. 13

"Aquele com o paquera da Rachel"

Certo dia, enquanto prepara o café da manhã, Joey tenta arremessar as panquecas da frigideira para o prato dos amigos, mas acaba errando. Essas panquecas estilo suflê japonês são fofinhas, leves, aeradas e com um toque azedinho do limão. A técnica de preparo, que usa merengue na massa, permite que a panqueca cresça mais, encurtando a distância entre o prato e a sua boca, sem perder tempo. Sirva com calda caseira de mirtilos ou sua calda preferida. Se Joey tivesse feito essas panquecas aeradas, talvez elas tivessem chegado aos pratos dos amigos.

DIFICULDADE: Média
RENDIMENTO: 2 a 3 panquecas
TEMPO DE PREPARO: 35 minutos

PARA A CALDA DE MIRTILO:

½ xícara de mirtilos frescos
½ xícara de água
½ colher de chá de raspas de limão-siciliano
1 colher de chá de suco de limão-siciliano
1 colher de sopa de açúcar refinado (opcional)

PARA A MASSA DA PANQUECA:

2 ovos grandes separados
¼ xícara de açúcar de confeiteiro, mais um pouco para finalizar
½ xícara de farinha de trigo
1 colher de sopa de amido de milho
½ colher de chá de óleo vegetal
½ colher de chá de fermento químico
¼ colher de chá de sal
½ colher de chá de extrato de baunilha
½ colher de chá de raspas de limão-siciliano
¼ xícara mais 1 colher de sopa de leitelho (buttermilk)
1 pitada de cremor tártaro ou ⅛ colher de chá de suco de limão-siciliano

Cerca de 2 colheres de sopa de manteiga sem sal
Açúcar de confeiteiro para polvilhar
Xarope de bordo para servir

PARA FAZER A CALDA DE MIRTILO: Leve uma panela pequena ao fogo médio com os mirtilos, a água, as raspas de limão, o suco de limão e o açúcar, se usar. Cozinhe mexendo até o volume ser reduzido à metade e os mirtilos se abrirem, por cerca de 4 minutos. Retire do fogo. Deixe esfriar, depois transfira para um recipiente sem tampa e leve à geladeira por cerca de 15 minutos. Quando a calda estiver fria, cubra o recipiente com plástico-filme ou com uma tampa. A calda pode ser feita com 2 dias de antecedência. Na hora de usar, dilua a calda com 1 ou 2 colheres de sopa de água. Para servir quente, aqueça no micro-ondas por 20 segundos.

PARA FAZER A MASSA DA PANQUECA: Em uma tigela média, misture as gemas, o açúcar, a farinha de trigo, o amido de milho, o fermento, o sal, a baunilha, as raspas de limão e o leitelho. Reserve.

Em uma tigela média à parte, usando um mixer portátil ou batedeira, bata as claras em velocidade média até espumarem, por cerca de 1 minuto (veja na página 21 as dicas para preparar merengue). Adicione o cremor tártaro e continue a bater até formar picos que se mantêm firmes quando os batedores são erguidos (com a batedeira desligada), por cerca de 3 minutos. O merengue ficará liso e brilhante. Se ficar grumoso e separado, significa que as claras foram batidas demais. Recomece com uma tigela e batedores limpos e novas claras. O merengue pode ficar na tigela até a hora de ser usado.

Unte uma frigideira antiaderente com bordas altas usando spray culinário. Aqueça em fogo baixo por 5 a 10 minutos. Esse método permite que o calor se distribua bem, sem produzir pontos mais quentes na frigideira.

Misture ¼ do merengue na massa da panqueca. Algumas faixas e bolhas de merengue precisam ficar aparentes. Adicione a massa de panqueca na tigela com o merengue, despejando pela lateral. Misture à mão, com um fouet, em movimento circular delicado, incorporando a massa ao merengue.

Continua na página 74

MIMOS MATINAIS | 73

Continuação da página 73

Faça um círculo em volta da tigela, passe o fouet pelo meio e repita. Essa etapa deve ser feita à mão, sem usar o mixer elétrico. Cuidado para não misturar demais o merengue, pois ele perderá o ar se for mexido em excesso. Deve haver algumas listras brancas e bolinhas de merengue visíveis na massa. A massa ficará espessa, leve e aerada.

PARA FRITAR AS PANQUECAS USANDO AROS: Coloque dois ou três aros circulares de cerca de 8 cm de diâmetro e 3 cm de altura na frigideira aquecida para conter a massa. Com uma colher, coloque ¼ de xícara de massa em cada aro e alise a parte superior da panqueca com cuidado. Adicione 1 colher de sopa de água na frigideira e em seguida cubra com uma tampa. Cozinhe por 3 minutos em fogo baixo, e então coloque mais ¼ de xícara de massa nos aros. Aumente o fogo para médio-alto, adicione mais 1 colher de sopa de água na frigideira e tampe. Cozinhe por mais 3 minutos, a seguir coloque mais uma camada de ¼ de xícara de massa em cada aro e tampe novamente. Deixe cozinhar por mais 8 a 10 minutos. Enquanto cozinha, adicione mais algumas colheres de sopa de água na frigideira para criar vapor. Cubra com a tampa e cozinhe por mais alguns minutos, se necessário, até firmar a massa da panqueca.

As panquecas estarão prontas para serem viradas quando a massa ainda estiver elástica e balançando, mas não completamente cozida. A parte de cima precisa estar firme e clara, sem escorrer. Essa etapa é um pouco delicada, pois a massa vai escorrer se não estiver cozida o bastante e se os aros não forem virados com cuidado. Deslize cuidadosamente uma espátula plana por baixo de cada aro e vire as panquecas para que cozinhem do outro lado. Elas não se soltarão do aro se estiverem cozidas, mas use outra espátula na parte de cima se achar necessário. Adicione mais 1 ou 2 colheres de sopa de água na frigideira e tampe novamente. Cozinhe por 3 a 5 minutos ou até o exterior das panquecas começar a dourar e o interior ficar completamente firme. Aumente para fogo alto no final do processo de cozimento e cozinhe por mais 1 minuto para obter um belo tom dourado por fora. Para retirar o aro quando as panquecas estiverem prontas, passe uma faca pelo lado de dentro do aro, fazendo toda a volta, para soltar a panqueca. Transfira as panquecas para um prato.

PARA FRITAR AS PANQUECAS SEM ARO: Aumente o fogo para médio-baixo, pois assim a massa começará a cozinhar assim que tocar na frigideira, sem escorrer. Usando um medidor de ¼ de xícara, coloque a massa na frigideira. Repita para fazer 1 ou 2 panquecas. Use o fundo de uma colher para alisar delicadamente o topo e as bordas da massa, criando círculos uniformes. Coloque mais ¼ de xícara de massa no topo de cada círculo e alise a massa com cuidado. Repita o processo até formar panquecas de 3 cm de altura. Siga as instruções acima sobre adicionar água e cobrir a frigideira. Esse método resulta em panquecas mais achatadas, que não ficarão tão uniformes e com bordas altas e lisas, mas são mais fáceis de virar e ainda têm um sabor delicioso. Cozinhe por cerca de 7 minutos ou até a panqueca ficar dourada por fora e quase firme por dentro. Usando uma espátula, vire as panquecas com cuidado e cozinhe por mais 6 minutos ou até firmarem completamente. Aumente para fogo alto no final do processo de cozimento e cozinhe por mais 1 minuto para obter uma bela superfície marrom-dourada.

Cubra as panquecas com manteiga, açúcar de confeiteiro, calda de mirtilo e xarope de bordo ou mel e sirva.

"NÃO, NÃO, FIQUE AÍ MESMO. TÔ QUASE ACERTANDO."
Joey

PETISCOS ESPERTOS PARA O CAFÉ DA MANHÃ DE CHANDLER E JOEY

TEMPORADA 4, EP. 17

"Aquele com a pornografia de graça"

Chandler pode achar que fala mais besteiras antes das 9 da manhã do que a maioria das pessoas fala o dia todo, mas uma coisa esperta que ele faz são esses petiscos para o café da manhã. Fáceis de fazer e perfeitos para comer pelo caminho, podem ser preparados com antecedência e reaquecidos, deixando suas manhãs livres. Asse uma fornada e tenha à mão um café da manhã prontinho ou faça uma porção de cada vez no micro-ondas. Bem esperto, não?

DIFICULDADE: Fácil
RENDIMENTO: 1 porção ou 12 porções (conforme preparação)
TEMPO DE PREPARO: 4 minutos ou 45 minutos

PARA PORÇÃO ÚNICA:
1 ovo grande batido
1 colher de sopa de queijo ralado fresco (cheddar, gruyère, comté, gouda defumado, suíço ou fontina)
Sal e pimenta-do-reino preta ou branca
1 a 2 colheres de sopa de cream cheese

PARA 12 PORÇÕES:
12 ovos grandes batidos
1 ½ colher de chá de sal
1 pitada de pimenta-do-reino preta ou branca
1 pitada de pimenta-caiena
¾ xícara de queijo ralado fresco (cheddar, gruyère, comté, gouda defumado, suíço ou fontina), dividida
6 colheres de sopa de cream cheese

SABORES ADICIONAIS
(escolha de 2 a 3 ingredientes abaixo para cada porção)
4 fatias grossas de bacon cozido e picado
¼ xícara de presunto cortado em cubos ou linguiça calabresa moída
Queijo brie cortado em cubos
Cogumelos salteados cortados em cubos
Pimentões verdes cortados em cubos
Abobrinhas cortadas em cubos
Cebolinha ou estragão picados
Espinafre picado

PARA FAZER A PORÇÃO ÚNICA: Em um recipiente de vidro, misture o ovo, o queijo, o sal e a pimenta. Incorpore o cream cheese e os sabores adicionais. Coloque a mistura em um ramequim ou caneca de 120 a 180 ml próprios para micro-ondas. Leve ao micro-ondas por 1 minuto e 10 a 25 segundos em potência alta, ou até que o meio esteja firme. O ovo vai inflar enquanto estiver cozinhando e murchar depois de pronto. Cuidado ao retirar o ramequim do micro-ondas, pois estará muito quente.

PARA FAZER 12 PORÇÕES: Preaqueça o forno a 180°C. Unte uma fôrma para 12 muffins ou ramequins de 120 a 180 ml com spray culinário. Se estiver usando ramequins, coloque-os em uma assadeira.

Em uma tigela grande, misture os ovos, o sal, a pimenta-do-reino e a pimenta-caiena. Incorpore o queijo ralado. Divida o cream cheese para cada porção. A seguir, divida os ingredientes adicionais de sabor para cada porção. Prepare de 1 a 2 colheres de sopa de cada ingrediente ou um total de 3 colheres de sopa de "sabores" para cada porção.

Misture todos os ingredientes de sabor ou faça porções de diferentes sabores, adicionando metade da mistura de ovo em cada fôrma de muffin ou ramequim e depois colocando os sabores e o cream cheese. Coloque o restante da mistura de ovo por cima de cada porção antes de levar ao forno.

Asse por 25 a 30 minutos ou até que os petiscos estejam firmes no centro.

Retire do forno, deixe esfriar por 5 minutos, a seguir use uma espátula ou garfo para retirar os petiscos das fôrmas com cuidado. Podem ser armazenados cobertos na geladeira por até 3 dias, dependendo dos ingredientes usados. Antes de servir, reaqueça no micro-ondas por 30 segundos ou por 7 minutos no forno.

PANNA COTTA DE COALHADA COM MEL E FLOR DE MORANGO DA MONICA

TEMPORADA 5, EP. 8
"Aquele com todos os dias de Ação de Graças"

Rachel ficou de cara com Monica por falar sobre dar sua "flor", referindo-se a sua virgindade. Essa opção incomum de café da manhã seria, em termos de sabor, o equivalente de um iogurte grego e um cream cheese ligeiramente adoçado terem um encontro romântico com um chef italiano e gerarem um bebê. A panna cotta de coalhada cremosa de kefir e baunilha suntuosa é a versão imaginária de sabor que Monica acredita que o iogurte deveria ter. A cobertura é uma bela "flor" de morango regada com mel. Faça em xícaras de espresso na noite anterior e decore antes de servir.

DIFICULDADE: Média
RENDIMENTO: 2 porções
TEMPO DE PREPARO: 20 minutos, mais 6 horas na geladeira

- ¾ colher de chá de gelatina em pó
- ½ xícara de creme de leite fresco
- ¼ xícara de leite integral
- 1 fava de baunilha aberta e raspada
- 2 colheres de sopa de açúcar refinado, mais 1 ½ colher de chá
- 1 pitada de noz-moscada ralada na hora
- ¼ xícara de coalhada de kefir (encontrada em lojas de especialidades)
- 2 morangos
- 1 colher de sopa de mel
- Folhas de hortelã para decorar

Coloque 1 colher de sopa de água em uma tigelinha. Polvilhe a gelatina lentamente sobre a água, para que os grânulos se hidratem e sejam absorvidos pela água. Reserve.

Misture o creme de leite fresco, o leite, a fava e as sementes de baunilha e 1 ½ colher de sopa de açúcar em uma panela média e leve a ferver em fogo médio-alto. Mexa constantemente para que a mistura não queime nem transborde. Quando a mistura ferver por completo, tire do fogo e adicione a noz-moscada, as 2 colheres restantes de açúcar e a gelatina hidratada. Misture a coalhada até homogeneizar. Passe a mistura por uma peneira fina sobre um recipiente de vidro. Coloque quantidades iguais em 2 xícaras de espresso e leve à geladeira por no mínimo 6 horas.

Retire as xícaras da geladeira na hora de servir. Com cuidado, corte os 2 morangos em formato de flor e coloque em cima de cada panna cotta. (Outra possibilidade é fatiar os morangos e ajeitar as fatias em forma de flor em cima de cada panna cotta.) Regue com o mel e decore com as folhas de hortelã.

MIMOS MATINAIS | 77

CINNAMON ROLLS DA FANTASIA DO ROSS COM A PRINCESA ESPACIAL

TEMPORADA 3, EP. 1

"Aquele com a fantasia da princesa Leia"

Rachel convence Ross a lhe contar sua fantasia de adolescente. Ele confessa que tinha um crush por uma bela princesa espacial com o famoso penteado em formato de pãozinho redondo, que era mantida prisioneira e usava um biquíni dourado "bem bacana". Por azar, Rachel conta a história para Phoebe, que não resiste a zoar Ross. Ela pega dois *cinnamon rolls* gigantes, segura nas laterais da cabeça e faz uma dancinha divertida para chamar a atenção de Ross e Rachel. Esses *cinnamon rolls* grandões com glacê de cream cheese e limão são melhores do que receita de mãe ou de vó, e uma fantasia de café da manhã bem menos esquisita. Tão gostoso que parece de outro planeta!

DIFICULDADE: Difícil
RENDIMENTO: 3 rolos de 15 cm
TEMPO DE PREPARO: 2 horas, mais 2 ½ horas de fermentação

PARA O GLACÊ:
3 ½ colheres de sopa de manteiga sem sal em temperatura ambiente
¾ xícara de açúcar de confeiteiro
Raspas de 1 limão-siciliano
140 g de cream cheese em temperatura ambiente
1 colher de sopa de suco de limão-siciliano

PARA O RECHEIO:
1 xícara bem cheia de açúcar mascavo
1 colher de sopa mais 1 ½ colher de chá de canela em pó
1 colher de sopa mais 1 ½ colher de chá de manteiga sem sal em temperatura ambiente
2 colheres de sopa de cream cheese em temperatura ambiente

PARA A MASSA:
¼ xícara (60 ml) de água morna (40°C a 46°C)
2 ¼ colher de chá (1 sachê) de fermento biológico instantâneo
½ xícara (120 ml) de leite morno (40°C a 46°C)
1 ovo grande, mais 1 gema
1 colher de chá de extrato de baunilha
¼ xícara de açúcar refinado
1 colher de chá de sal
3 xícaras de farinha de trigo, mais 1 colher de sopa e mais se necessário
½ colher de chá de fermento químico
⅛ colher de chá de noz-moscada ralada na hora
½ xícara de manteiga sem sal em temperatura ambiente

PARA FAZER O GLACÊ: Em uma tigela média, bata a manteiga, o açúcar de confeiteiro e as raspas de limão com um mixer portátil até ficar cremoso. Adicione o cream cheese aos poucos e continue batendo. Acrescente o suco de limão e bata até misturar bem. Reserve. O glacê pode ser feito com 2 dias de antecedência e armazenado em um recipiente hermético na geladeira. Essa receita rende glacê extra para servir por cima ou ao lado dos *cinnamon rolls*.

PARA FAZER O RECHEIO: Em uma tigela média, misture o açúcar mascavo e a canela, desfazendo os torrões de açúcar. Em outra tigela média, bata a manteiga e o cream cheese com um mixer portátil por alguns minutos, até ficar cremoso. Adicione à mão a mistura de açúcar mascavo no creme de manteiga e misture até homogeneizar. Reserve.

PARA FAZER A MASSA: Coloque a água na tigela da batedeira equipada com o batedor globo. Polvilhe o fermento biológico e misture. Deixe o fermento descansar por 5 a 10 minutos para garantir que esteja ativo. O fermento ficará grumoso e formará uma espuma por cima. Se a água ficar turva e não houver ação do fermento, provavelmente ele está inativo. Recomece com um novo fermento.

Continua na página 80

Continuação da página 79

Adicione o leite, os ovos, a baunilha e o açúcar à mistura de fermento e bata com o batedor globo em velocidade média até homogeneizar, por cerca de 3 minutos. Em uma tigela média à parte, misture o sal, a farinha de trigo, o fermento e a noz-moscada. Adicione metade da mistura de ingredientes secos à mistura de leite e ovos.

Coloque o gancho de massa na batedeira e sove em velocidade média até a mistura de farinha estar bem incorporada, por cerca de 3 minutos. Adicione o restante da mistura de farinha, bata por mais 5 minutos, a seguir adicione a manteiga, uma colherada de cada vez, enquanto sova. Sove na batedeira por mais 20 minutos, parando de vez em quando para raspar os lados e o fundo da tigela com uma espátula.

Se a massa estiver grudando nos lados e no fundo da tigela, adicione mais 1 colher de sopa de farinha e continue sovando por mais 10 minutos. Se a massa não tiver se soltado dos lados da tigela, aumente a velocidade e sove por mais 5 a 10 minutos. Adicione mais farinha se necessário, 1 colher de sopa de cada vez, para firmar a massa se ela estiver muito grudenta. Na etapa final da sova, a massa deve estar pegajosa ao toque e prendendo-se ao gancho da batedeira.

Desligue a batedeira e pegue a massa com as duas mãos. Em uma superfície de trabalho limpa, enrole a massa com cuidado para baixo de si mesma, formando uma bola. Dê uns tapinhas na massa para ajudar a modelar. Coloque a massa em uma tigela untada, com espaço suficiente para dobrar de tamanho. Cubra a tigela com plástico-filme e marque o tamanho da massa com um marcador ou fita por cima do plástico.

Deixe a massa descansar por cerca de 1 ½ hora ou até dobrar de tamanho e não voltar quando for pressionada com o dedo.

MÉTODO DA FRIGIDEIRA INDIVIDUAL: Vire a massa em um papel-manteiga ou em uma superfície de trabalho polvilhada com um pouco de farinha de trigo. Abra um retângulo de 20 x 40 cm com 0,5 cm de espessura (ou menos, a depender da elasticidade da massa). Usando as mãos, espalhe o recheio na massa, deixando uma faixa de 0,5 cm sem recheio nas extremidades. Coloque a massa em uma assadeira e deixe descansar por 15 minutos, até ficar firme. Unte três frigideiras de 15 cm de diâmetro com manteiga. Usando uma faca afiada, corte 12 faixas de 3 x 20 cm (4 faixas por frigideira). Enrole cada faixa de massa bem apertado e prenda as pontas, uma por baixo da outra. Continue enrolando as faixas para criar um rolinho de canela de 15 cm de diâmetro. Coloque 1 rolinho em cada frigideira ou use o método sem frigideira.

MÉTODO SEM FRIGIDEIRA: Corte 3 folhas de papel-alumínio de 50 x 13 cm. Dobre o lado mais comprido de cada folha em pedaços de 5 cm. Continue dobrando, a cada 5 cm, até ter uma faixa de 50 x 2 cm (como uma fita de papel-alumínio). Use as faixas para criar círculos de 15 cm de diâmetro. Una as pontas dos círculos para prender, ou use um clipe de papel de metal do lado de dentro das faixas de papel-alumínio. Coloque em uma assadeira forrada com papel-manteiga ou em um tapete de silicone. Coloque um rolo de canela em cada círculo.

Cubra a assadeira ou as frigideiras com plástico-filme e deixe crescer de um dia para o outro na geladeira, ou por pelo menos 1½ hora, até que a massa esteja inflada e não volte quando pressionada com o dedo.

Tire os rolinhos da geladeira e deixe voltar à temperatura ambiente, cerca de 1 hora antes de assar.

Preaqueça o forno a 190°C e asse por cerca de 20 minutos ou até a temperatura da massa atingir 90°C no termômetro culinário. Aguarde de 8 a 10 minutos antes de cobrir com o glacê. Sirva imediatamente. Delicie-se!

MINGAU "BARRY TRAÍRA" DE AVEIA E CHIA COM FRUTAS DA RACHEL

TEMPORADA 1, EP. 20

"Aquele com o ortodontista maligno"

Talvez não seja de surpreender que Barry, o ex-noivo de Rachel, tenha ficado com Mindy, dama de honra de Rachel, depois de ser abandonado por Rachel no altar. Um pouco mais surpreendente é quando Mindy revela que já estava com Barry enquanto ele era noivo de Rachel. Barry definitivamente é um traíra, enganando Mindy com Rachel e Rachel com Mindy. Prepare esta receita à noite e acorde com um delicioso mingau de aveia e frutas vermelhas – e com mais tempo para você. Aqui não tem traição: escolha aveia em flocos finos ou em flocos grossos, a seu critério. A aveia em flocos grossos resultará em um mingau mais delicado e com uma consistência mais suave.

DIFICULDADE: Fácil
RENDIMENTO: 1 porção
TEMPO DE PREPARO: 10 minutos, mais uma noite na geladeira

- ½ xícara mais 1 colher de sopa de leite de aveia
- ¼ xícara de aveia em flocos finos ou grossos
- 2 colheres de sopa de creme de trigo-sarraceno
- 1 colher de sopa de uva-passa ou figo seco picado
- 1 colher de sopa de semente de chia
- ⅛ colher de sopa de extrato de baunilha
- 1 colher de sopa de xarope ou açúcar de bordo, mel ou açúcar mascavo
- 1 pitada de canela em pó
- ¼ xícara de frutas vermelhas mistas

Coloque o leite de aveia em uma caneca de 240 ml que possa ir ao micro-ondas e aqueça em potência média-alta por 1 minuto. Misture a aveia, as frutas secas, a semente de chia, a baunilha, o xarope de bordo e a canela. Raspe o fundo da caneca e mexa bem para misturar todos os ingredientes que possam ter ficado no fundo. Cubra com um pires e deixe descansar por 5 minutos. Tire o pires e cubra com plástico-filme, deixando uma pequena abertura para liberar o vapor. Deixe na geladeira de um dia para o outro. Coloque frutas vermelhas por cima do mingau de aveia. Delicie-se!

"QUANDO VOCÊ E O BARRY ERAM NOIVOS, EU E ELE MEIO QUE TÍNHAMOS UM LANCE PARALELO."
Mindy

SANDUÍCHE DE RABANADA NA MÁQUINA DE WAFFLE DA RACHEL PARA O PÉ GRANDE

TEMPORADA 5, EP. 6

"Aquele com o Pé Grande"

Rachel e Monica estão à procura de uma máquina de waffle no porão quando se assustam com um amedrontador "Pé Grande" de olhos esbugalhados que Rachel chama de Yeti. Para se defender, Rachel borrifa repelente de mosquito no Yeti, que na verdade era Danny, o novo vizinho, todo desgrenhado após quatro meses de trilhas pelos Andes. Mais tarde, quando dá de cara com Danny arrumado, Rachel se apaixona, mas Danny zomba dela, insinuando que Rachel é superficial e o julgou pela aparência. Rachel tenta virar o jogo com Danny, mas logo percebe que já encontrou seu par perfeito. Não julgue esse saboroso sanduíche crocante, cheio de queijo e com um toque adocicado antes de dar a primeira mordida. Se possível, use uma máquina de waffle nesta receita.

DIFICULDADE: Fácil
RENDIMENTO: 1 sanduíche ou 4 minissanduíches
TEMPO DE PREPARO: 20 minutos

PARA A RABANADA:

¼ xícara de leite
2 colheres de sopa de creme de leite fresco
1 ovo grande
½ colher de chá de açúcar refinado
1 colher de chá de bourbon
1 pitada de noz-moscada ralada na hora
⅛ colher de chá de sal
1 colher de chá de óleo vegetal
2 fatias grossas (2,5 cm) de pão branco de miolo compacto, como pão de sanduíche

PARA O RECHEIO:

2 colheres de chá de mostarda Dijon
4 fatias finas de queijo emmental
3 fatias finas de presunto
2 fatias finas de peito de peru

2 colheres de sopa de açúcar de confeiteiro
¼ xícara de geleia de morango, frutas vermelhas ou outra geleia azedinha

PARA FAZER A RABANADA: Em uma tigela média, misture o leite, o creme de leite, o ovo, o açúcar, o bourbon, a noz-moscada e o sal. Transfira para um recipiente retangular que comporte uma fatia de pão.

Usando um pincel culinário, unte a máquina de waffle com o óleo, certifique-se de untar as ranhuras. Utilize um papel-toalha para remover quaisquer excessos de óleo. Ligue a máquina na temperatura média.

Mergulhe 1 fatia de pão na mistura de leite, deixe o excesso escorrer de volta no recipiente. Leve o pão à máquina de waffle já aquecida e cozinhe até ficar bem dourado, por cerca de 4 minutos. Transfira para um prato e repita com a segunda fatia de pão.

PARA FAZER O RECHEIO: Passe uma camada uniforme de mostarda na parte interna de cada fatia de rabanada. Coloque 2 fatias de queijo em cada lado. Coloque o presunto e o peito de peru entre as fatias de queijo. Feche o sanduíche e leve de volta à máquina de waffle, tentando alinhar os quadradinhos do pão com os da máquina. Feche a tampa sem apertar demais – não precisa fechar por completo. Deixe o calor da máquina de waffle concluir o cozimento do sanduíche (como uma torradeira improvisada) e derreter o queijo, em cerca de 3 minutos. Tire o sanduíche da máquina de waffle.

Antes de servir, corte o sanduíche ao meio ou em quatro partes e polvilhe com açúcar de confeiteiro. Sirva acompanhado da geleia.

DICA: Use um infusor de chá ou peneira pequena para polvilhar o açúcar de confeiteiro sobre o sanduíche e o prato.

MUFFINS DE BANANA E CAFÉ COM ESPIRRO DO JOEY

TEMPORADA 6, EP. 13

"Aquele com a irmã da Rachel"

Quando Joey começa a trabalhar no Central Perk, Rachel o ensina a lidar com clientes grosseiros e oferece sua sabedoria de garçonete em três dicas úteis. Primeira, o cliente sempre tem razão. Segunda, um sorriso sempre ajuda, e terceira, se alguém for grosseiro, ofereça um "muffin com espirro". Esses muffins de banana e café contêm cafeína suficiente para mantê-lo ligado se, como Joey, você precisa de um segundo emprego, e são tão deliciosos que certamente farão você sorrir. O maravilhoso aroma de banana será um banquete para os seus sentidos. Não se preocupe – ninguém vai espirrar nesses muffins!

DIFICULDADE: Média
RENDIMENTO: 12 muffins médios ou 6 muffins grandes
TEMPO DE PREPARO: 45 minutos

PARA A FAROFINHA CROCANTE:
2 colheres de sopa de açúcar mascavo
2 colheres de sopa de açúcar refinado
½ colher de chá de canela em pó
½ colher de chá de sal
¼ xícara de cream cheese
2 colheres de sopa de manteiga sem sal derretida
¾ xícara de farinha de trigo

PARA O GLACÊ:
1 colher de chá de café instantâneo em pó
¼ xícara de Calda de caramelo salgado (página 26) ou comprada pronta

PARA A MASSA:
½ xícara de manteiga sem sal em temperatura ambiente
¾ xícara bem cheia de açúcar mascavo
2 ovos grandes
1 ½ banana média madura amassada
1 colher de chá de extrato de baunilha
2 colheres de sopa de iogurte grego natural (no mínimo 5% de gordura)
1 ½ xícara de farinha de trigo
1 colher de sopa de amido de milho
1 colher de chá de canela em pó
¾ colher de chá de bicarbonato de sódio
½ colher de chá de fermento biológico
1 ½ colher de chá de sal

Preaqueça o forno a 220°C.

PARA FAZER A FAROFINHA CROCANTE: Em uma tigela média, misture o açúcar mascavo, o açúcar refinado, a canela, o sal, o cream cheese, a manteiga e a farinha de trigo usando os dedos. A mistura terá um aspecto seco e granuloso. Reserve.

PARA FAZER O GLACÊ: Em uma tigela pequena, misture o café instantâneo em pó com a calda de caramelo até homogeneizar.

PARA FAZER A MASSA: Use a batedeira com o batedor de pá ou um mixer portátil e uma tigela média para bater a manteiga em alta velocidade até ficar supercremosa, por cerca de 12 minutos. Acrescente o açúcar mascavo e bata por 5 minutos. Desligue a batedeira e raspe as laterais da tigela com uma espátula. Acrescente os ovos e bata por mais 30 segundos. Adicione as bananas, a baunilha e o iogurte e misture bem, por cerca de 2 minutos.

Em uma tigela pequena, misture a farinha, o amido de milho, a canela, o bicarbonato de sódio, o fermento químico e o sal. Adicione metade da mistura de ingredientes secos à massa batida e misture. Raspe as laterais da tigela, adicione a outra metade da farinha e bata só para incorporar, por cerca de 25 segundos.

Prepare uma fôrma para 12 muffins com forminhas de papel. Se estiver usando fôrmas para muffins grandes, prepare cada forminha com um pedaço quadrado de 15 cm de papel-manteiga. Dobre o papel para encaixar na fôrma redonda. Não tem problema deixar pontas do papel para fora da fôrma. Usando um medidor de ¼ de xícara, encha cada forminha de muffin até a metade. Polvilhe cada muffin com 2 colheres de sopa da farofinha crocante.

Continua na página 86

MIMOS MATINAIS | 85

Continuação da página 85

Coloque mais massa até chegar a ¾ da capacidade de cada forminha. Aumente as quantidades de massa e farofinha crocante se estiver usando fôrmas grandes. Cubra cada muffin com o restante da farofinha.

Reduza a temperatura do forno para 180°C e asse os muffins por 20 a 25 minutos, até um palito de dente inserido no centro da massa sair limpo. Transfira a fôrma para uma grelha e deixe esfriar por 10 minutos antes de desenformar. Deixe os muffins na grelha até esfriarem completamente.

Aqueça o glacê em um recipiente próprio para micro-ondas, na potência média, por 10 a 20 segundos. Coloque os muffins em uma assadeira. Faça furinhos de uns 0,5 cm no topo dos muffins. Antes de servir, regue os muffins com a calda, preenchendo os furinhos. Os muffins são mais gostosos no dia em que são assados. Se consumir no dia seguinte, aqueça por 15 segundos no micro-ondas e coloque o glacê no momento de servir.

SCONE "MEU SCONE" COM CREME AZEDO DO CHANDLER

TEMPORADA 1, EP. 22
"Aquele do nojinho"

Certo dia no Central Perk, Joey, Ross e Phoebe zoam Chandler por causa do seu jeito de falar e do seu tom de voz. Phoebe conta que os funcionários de Chandler gostavam dele antes, mas agora não gostam mais porque ele se tornou o "Senhor Chefão". Também revela que o pessoal do escritório imita Chandler. Joey entra na brincadeira e, imitando o jeito de Chandler, diz "Meu scone", para diversão de Ross e Phoebe e consternação de Chandler. Em homenagem a Chandler, esse delicioso scone com creme azedo vai fazer de você o "chefão" do café da manhã.

DIFICULDADE: Média
RENDIMENTO: 18 a 20 scones
TEMPO DE PREPARO: 1 hora e 20 minutos

PARA O CREME AZEDO:
½ xícara de creme de leite fresco
2 colheres de sopa de *crème fraîche*
1 colher de chá de suco de limão-siciliano
⅛ colher de chá de sal
1 colher de sopa de açúcar de confeiteiro

PARA OS SCONES:
1 xícara de manteiga sem sal gelada, cortada em quatro pedaços
4 ¼ xícaras de farinha de trigo
½ colher de sopa de amido de milho
½ xícara de açúcar refinado
2 colheres de chá de fermento químico
½ colher de chá de bicarbonato de sódio
¼ colher de chá de sal
2 colheres de sopa mais 2 colheres de chá de raspas de limão-siciliano
1 colher de chá de suco de limão-siciliano
1 colher de chá de extrato de limão-siciliano
1 xícara de *crème fraîche*, dividida
¼ xícara mais 2 colheres de sopa de creme de leite fresco
¾ xícara de passas (opcional)
¼ xícara de compota de morango (opcional)

PARA FAZER O CREME AZEDO: Bata o creme de leite com um mixer portátil ou batedeira até formar picos médios, em cerca de 3 minutos. Adicione o *crème fraîche*, o suco de limão e o sal. Continue batendo até o creme engrossar e ficar com alguns grumos, por cerca de 35 segundos. Misture o açúcar de confeiteiro e bata até homogeneizar, por cerca de 30 segundos. Transfira o creme azedo para um recipiente hermético e armazene na geladeira até a hora de usar, por até 3 dias.

Prepare uma assadeira com um tapete de silicone ou papel-manteiga levemente untado.

PARA FAZER OS SCONES: Coloque a manteiga, a farinha, o açúcar, o fermento químico, o bicarbonato de sódio e o sal em um processador de alimentos e pulse até misturar. Adicione as raspas de limão, o suco de limão e o extrato de limão e pulse mais algumas vezes. Adicione metade do *crème fraîche* e pulse por 30 segundos. Adicione o restante do *crème fraîche* e pulse por mais 30 segundos. Adicione o creme de leite fresco e pulse até a mistura desgrudar das laterais e formar uma bola.

Transfira a massa para uma superfície de trabalho levemente enfarinhada e, usando as mãos, adicione as uvas-passas, se usá-las. Modele a massa em formato de retângulo. Abra-a com um rolo até atingir uma espessura de 0,5 cm. Dobre a massa, criando duas camadas, e passe o rolo de novo até atingir a espessura de 0,5 cm. Repita três vezes, depois abra a massa em formato de retângulo com 1 cm de espessura. Usando uma faca ou espátula, corte a massa em 18 triângulos (ou use um cortador de biscoito redondo de 6 cm de diâmetro para cortar a massa em 18 a 20 círculos). Coloque os scones na assadeira preparada e cubra com plástico-filme. Leve à geladeira por no mínimo 20 minutos antes de assar.

Preaqueça o forno a 180°C.

Asse até os scones ficarem dourados por baixo e bem assados por dentro, cerca de 20 a 25 minutos. A parte de cima dos scones deve ficar clara, com as bordas um pouco mais douradas.

Sirva em temperatura ambiente ou aquecido, acompanhado do creme azedo e da compota de morangos, se desejar.

MIMOS MATINAIS | 87

TORTINHAS DE FRUTAS COM CANELA E GLACÊ DE LEITE DE CEREAIS DO ROSS

TEMPORADA 4, EP. 6
"Aquele com a garota suja"

A nova namorada do Ross, a bela Cheryl, é tudo que ele pensa que procura em uma mulher. Infelizmente, a beleza de Cheryl não compensa a excepcional sujeira de seu apartamento. Quando vê a bagunça do apartamento, Ross mal pode esperar para sair de lá e desajeitadamente convida Cheryl para comer cereal de frutas com canela no apartamento dele. Se tivesse oferecido essas tortinhas de frutas com canela, Ross talvez tivesse conseguido convencer Cheryl a ir com ele. Com sabor de infância, essas tortinhas são exatamente tudo que adoramos em Ross: doces e acolhedoras!

DIFICULDADE: Média
RENDIMENTO: 8 a 10 tortinhas
TEMPO DE PREPARO: 1 hora e 30 minutos, mais 1 hora e 20 minutos para esfriar

PARA O RECHEIO:
- 2 colheres de sopa de manteiga sem sal, mais um pouco se necessário
- 1 ½ a 2 maçãs médias descascadas e cortadas em cubos de 0,5 cm (cerca de ¾ xícara)
- 1 colher de chá de canela em pó
- 3 colheres de sopa de açúcar mascavo
- 1 colher de chá de extrato de baunilha
- 1 colher de chá de amido de milho

PARA O GLACÊ:
- 2 colheres de sopa de Leite de cereais e biscoitos preparado com cereal sabor canela e uma pitada de canela em pó (página 32)
- ¼ colher de chá de extrato de baunilha
- ¾ a 1 xícara de açúcar de confeiteiro peneirado
- 1 pitada de sal

PARA A TORTINHA:
- 2 xícaras mais 1 colher de sopa de farinha de trigo, mais se necessário
- 170 g de manteiga sem sal gelada cortada em cubos
- 2 colheres de sopa de açúcar mascavo
- 1 colher de chá de sal
- 3 colheres de sopa de creme azedo, mais um pouco se necessário
- 2 colheres de sopa de gordura vegetal
- ½ colher de chá de extrato de baunilha
- 1 ovo grande batido para pincelar
- ¾ xícara de cereal de canela triturado para a cobertura

PARA FAZER O RECHEIO: Em uma frigideira média, doure as maçãs na manteiga em fogo médio. Quando as maçãs começarem a ficar macias, adicione a canela, o açúcar mascavo e a baunilha. Misture bem e cozinhe até as maçãs ficarem douradas e macias, por cerca de 3 minutos. Acrescente o amido de milho. Se a mistura ficar seca, adicione um pouco de manteiga. Retire do fogo e reserve.

PARA FAZER O GLACÊ: Em uma tigela média, misture o leite de cereal, a baunilha e o açúcar de confeiteiro, criando um glacê branco e grosso com aspecto de cola. Adicione o sal. Misture bem. Se necessário, adicione mais açúcar de confeiteiro e leite de cereal para chegar na consistência adequada.

PARA FAZER A TORTINHA: Coloque a farinha de trigo, a manteiga, o açúcar mascavo e o sal em um processador de alimentos. Pulse até misturar completamente, com textura de uma farinha grossa. Adicione 2 colheres de sopa de creme azedo e pulse mais algumas vezes. Adicione mais 1 colher de sopa de creme azedo, a gordura vegetal e a baunilha. Pulse até a massa se unir e começar a formar uma bola. A textura deve ser macia, nem seca, nem grudenta. A massa deve manter o formato quando pressionada entre os dedos. Se estiver seca, adicione mais 1 ou 2 colheres de sopa de creme azedo.

Continua na página 90

Continuação da página 89

Transfira a massa para uma superfície lisa coberta com papel-manteiga e polvilhada com farinha. Coloque outra folha de papel-manteiga por cima e abra a massa com rolo, formando um retângulo de 0,6 cm de espessura. Coloque a massa e o papel-manteiga em uma assadeira. Leve à geladeira por 1 hora.

Forre uma assadeira com papel-manteiga.

Retire a massa da geladeira e deixe descansar alguns minutos em temperatura ambiente (assim fica mais fácil de trabalhar com a massa). Em uma superfície levemente enfarinhada, abra a massa até chegar a uma espessura de 0,3 cm. Use um cortador de biscoitos em formato de coração de 10 cm de diâmetro para fazer de 16 a 20 corações. Um coração ficará por cima e outro, por baixo. Junte as aparas e vá abrindo a massa conforme necessário.

Separe os corações para fazer as partes de cima e de baixo. Coloque 2 colheres de sopa de recheio nos corações da base, deixando uma borda de 0,3 cm sem recheio. Passe o ovo batido na borda sem recheio com o dedo. Coloque outro coração por cima. A massa precisa ser flexível para o coração não se quebrar. Prenda os corações pressionando as bordas com os dentes de um garfo. Faça um furinho na parte superior da massa com um garfo ou palito de dente para permitir que o vapor saia durante o cozimento.

Preaqueça o forno a 180°C. Arrume as tortinhas na assadeira preparada e leve à geladeira até que a massa esteja firme, de 15 a 20 minutos.

Asse as tortinhas até ficarem douradas, de 30 a 40 minutos. Deixe esfriar por cerca de 10 minutos, para que fiquem mornas. Coloque 1 colher de chá de glacê sobre cada coração. Espalhe o glacê sem escorrer, mantendo-o em cima da torta. Polvilhe imediatamente com a cobertura de cereais, se desejar, enquanto as tortinhas estiverem mornas. Sirva morna ou em temperatura ambiente. Os corações podem ser reaquecidos no forno se não estiverem com o glacê.

PAIN AU CHOCOLAT LAMINADO E PERFEITO DA MONICA

TEMPORADA 6, EP. 18

"Aquele em que Ross sai com uma aluna"

Quando Monica faz *pain au chocolat*, precisa ser perfeito. Ela é perfeccionista e uma chef excelente, o que foi de grande vantagem para seus amigos ao longo da série. Um *pain au chocolat* laminado e amanteigado é difícil de fazer, mas com um pouco de prática você com certeza vai dominar esta receita em pouco tempo, como a Monica. Sirva com a sua bebida favorita.

DIFICULDADE: Difícil
RENDIMENTO: 12 unidades
TEMPO DE PREPARO: 3 dias

Resumo:

DIA 1
Faça o bloco de manteiga e leve à geladeira.
Pode ser feito com até uma semana de antecedência.
Prepare o ovo para pincelar e o pré-fermento à noite.

DIA 2
Abra espaço no freezer para as assadeiras.
Prepare a massa, incorpore a manteiga e comece a laminar.

DIA 3
Modele, deixe crescer, asse e delicie-se.

Dia 1

OVO PARA PINCELAR
1 ovo grande

PRÉ-FERMENTO
1 xícara de farinha de trigo, de preferência com alto teor de glúten
1 xícara de água (20°C a 26°C)
Fermento biológico seco (um pouco mais do que 1 pitada)

BLOCO DE MANTEIGA
1 ¼ xícara de manteiga sem sal de alto teor de gordura (83% a 85%)

Dias 2 & 3

MASSA
¼ xícara de leite morno (35°C a 45°C)
1 ½ colher de chá de fermento biológico seco
⅓ xícara de açúcar refinado, dividido
3 ¼ xícara (462 g) de farinha de trigo com 11,7% de teor de proteína, e mais um pouco se necessário
1 colher de sopa de farinha de trigo-sarraceno
⅔ a ¾ xícara de água morna (35°C a 45°C), mais um pouco se necessário, dividida
1 colher de sopa de sal
12 a 24 bastões de chocolate forneáveis

Continua na página 93

Continuação da página 91

Dia 1

PARA PREPARAR O OVO PARA PINCELAR: Em uma tigela pequena, bata o ovo até espumar. Cubra e leve à geladeira até a hora de usar.

PARA FAZER O PRÉ-FERMENTO: Na noite do dia 1, misture a farinha de trigo, a água e o fermento em uma tigela média. Aperte a farinha e o fermento entre os dedos e raspe o fundo da tigela com uma espátula para misturar tudo. Transfira a massa para um recipiente levemente untado que tenha espaço suficiente para a massa dobrar de tamanho. Cubra com plástico-filme e deixe em temperatura ambiente por 12 a 18 horas. O pré-fermento vai crescer e surgirão algumas rachaduras na parte de cima, indicando que ele está pronto.

Dias 2 & 3

PARA FAZER O BLOCO DE MANTEIGA: Em um pedaço de papel-manteiga, desenhe a lápis um retângulo de 15 x 20 cm, certificando-se de que as linhas possam ser vistas através do papel. Vire o papel-manteiga ao contrário. Corte a manteiga e distribua os pedaços formando um retângulo no meio do retângulo desenhado. Coloque uma folha de papel-manteiga por cima da manteiga e passe o rolo de massa, trabalhando a manteiga para atingir o tamanho do retângulo desenhado. Um raspador de massa pode ser útil para criar bordas exatas e evitar que a manteiga derreta com o calor das suas mãos.

O tamanho da manteiga é proporcional ao tamanho da massa; portanto, meça a assadeira e o tapete de silicone, pois essa medida será a melhor forma de determinar o tamanho total do bloco de manteiga. Um bloco de manteiga de 15 x 20 cm se encaixará perfeitamente em um retângulo de massa de 20 x 30 x 1 cm após ser dobrado. O bloco de manteiga pode ser armazenado, envolvido em papel-manteiga e dentro de um saco plástico selado, por até uma semana na geladeira.

PARA FAZER A MASSA: No dia 2, coloque o leite morno na tigela da batedeira. Confira para ver se a temperatura está correta. Polvilhe o fermento sobre o leite, misture e adicione 1 colher de chá de açúcar. Deixe descansar por 5 minutos, para ver se o fermento está ativo. O fermento deve espumar. Caso contrário, espere mais 5 minutos. Se o fermento não espumar, é provável que esteja inativo e você terá de recomeçar

com fermento fresco. Retire a tigela da batedeira. Adicione a farinha de trigo, a farinha de trigo-sarraceno e o restante do açúcar. Use uma espátula para misturar, raspando o fundo da tigela, de forma a criar uma massa seca e irregular. Leve a tigela de volta à batedeira, agora usando o gancho de massa.

Tire o plástico-filme de cima do pré-fermento e adicione ⅓ de xícara de água para ajudar a soltá-lo do recipiente. Transfira o pré-fermento para a massa que está na batedeira. Bata em velocidade baixa até a massa ficar homogênea e começar a tomar forma. Adicione o sal enquanto sova. Se a massa não estiver formando uma bola e estiver com um aspecto seco, adicione mais um pouco de água, 1 colher de sopa de cada vez. Aumente para a velocidade média-baixa e continue a bater até a massa ficar macia, ainda pegajosa, mas não grudenta. Se a massa estiver grudando, coloque 1 ou 2 colheres de sopa de farinha de trigo. Durante o processo de mistura, desligue a batedeira e raspe as laterais da tigela algumas vezes.

Transfira a massa para uma superfície de trabalho e sove por alguns minutos, dobrando e abrindo a massa de um lado para o outro e por cima dela mesma para fortalecer a estrutura. Faça uma bola lisa, comprimindo a massa por baixo. Transfira para um recipiente levemente untado, cubra com plástico-filme e marque o tamanho da massa com fita ou marcador por cima do plástico-filme. Deixe a massa crescer em um local sem correntes de ar, em temperatura ambiente, por 45 minutos a 1 hora. A massa terá dobrado de volume quando estiver pronta.

Bata na massa para liberar o ar e transfira para uma superfície de trabalho enfarinhada. Vá erguendo e movimentando a massa com as mãos por baixo, para controlar a modelagem, fazendo uma pressão média com as suas mãos ou com o rolo. Modele a massa na forma de um retângulo de 18 x 20 cm ou use uma fôrma de 24 x 33 cm como molde. Se a massa estiver elástica, deixe descansar por 5 minutos, coberta com um pano de prato limpo, para então continuar a trabalhar. Prepare uma assadeira com tapete de silicone ou papel-manteiga levemente untado. Transfira a massa para a assadeira preparada e coloque no freezer. Deixe a massa esfriar até endurecer, por cerca de 15 minutos.

Deixe a massa atingir uma temperatura que a torne flexível. Verifique a temperatura colocando um termômetro culinário por baixo da massa. Quando atingir 12°C, vá para a etapa de laminação.

Continua na página 94

Continuação da página 93

LAMINAÇÃO: Abra a massa na forma de um retângulo de 20 x 30 x 1 cm. Com uma faca, corte a massa para deixar as bordas retas depois de aberta.

Tire o bloco de manteiga da geladeira e coloque-o no centro do retângulo, deixando cerca de 8 cm sem nada em cada lado.

As medidas exatas não são tão importantes quanto a proporção entre o bloco de manteiga e o tamanho do retângulo de massa. A manteiga deve ficar alinhada com o topo e a base do lado mais comprido da massa. A manteiga deve ter 20 cm de comprimento ou a mesma medida da massa. A massa restante em cada lado da manteiga deve ser igual à metade da largura da manteiga, ou 8 cm.

Dobre os lados da massa de forma que as pontas se encontrem no meio, por cima da manteiga. Imagine um pedaço de papel dobrado em três partes: parte C, B, A, em que B é o bloco de manteiga e A e C são a massa que será dobrada por cima da manteiga. Aperte a massa com os dedos no centro para fechar bem. As pontas de cima e de baixo da massa ainda estarão abertas, mas a manteiga precisa estar alinhada com a ponta da massa enquanto é envolvida.

Passe o rolo pelas pontas fechadas para prender bem e abra a massa até chegar a 20 x 30 x 1 cm. Se a massa estiver difícil de trabalhar, deixe descansar por 5 a 10 minutos, sempre prestando atenção na temperatura da manteiga. Fure as bolhas que se formarem com um palito de dente. Leve a massa aberta para gelar até ficar dura, cerca de 15 minutos no freezer ou 30 minutos na geladeira.

DOBRANDO A MASSA: A massa será dobrada 3 vezes. Tenha em mente a contagem do número de dobras e a direção em que você vai abrir a massa para que possam ser feitos ajustes depois de cada dobra.

Deixe a massa atingir uma temperatura em que fique

> **DICA:** A laminação acontece quando a manteiga forma uma camada entre a massa, sem ser absorvida. A manteiga precisa estar fria, mas flexível, a cerca de 12ºC. Se a manteiga esquentar, vai penetrar na massa, o que deixará o *pain au chocolat* com textura de pão, sem a sua crocância característica. O *pain au chocolat* perfeito se despedaça quando você o morde.

flexível (12ºC). Polvilhe um pouco de farinha de trigo e tire o excesso com um pincel de confeitaria.

Visualize a massa em três partes iguais, como uma carta dobrada. Dobre a última parte da massa por cima da parte do meio. Dobre a outra parte de fora de massa por cima da primeira dobra, criando uma "carta" de três camadas, com pontas e laterais bem retas. As pontas e as laterais da massa precisam ficar iguais para uma laminação regular. Leve ao freezer em uma assadeira coberta com plástico-filme por 20 a 30 minutos depois de cada dobra. (Veja a imagem de referência na página ao lado.)

Quando a massa estiver flexível, faça uma pressão moderada e algumas ondulações com o rolo, de forma a abrir a massa sem mexer demais. Se a manteiga amolecer demais e penetrar na massa, significa que a temperatura não está correta e que você pode estar fazendo pressão excessiva. Leve a massa ao freezer em uma assadeira por mais 15 a 20 minutos e recomece quando a massa estiver flexível. Esse passo é muito importante para conseguir uma boa laminação. É pura técnica e paciência.

Repita mais duas dobras, girando a massa a 90º em relação à última posição em que foi aberta na última dobra. Leve a massa para gelar no freezer entre cada dobra. Quando todas as três dobras estiverem completas, a massa pode ser embalada em papel-manteiga e congelada por até 1 semana.

PARA MODELAR: No dia 3, transfira a massa para uma superfície de trabalho e deixe atingir uma temperatura em que fique flexível (12ºC). Divida a massa em 12 pedaços de 10 a 12 cm. Abra a massa até chegar a 20 cm de comprimento, com 1 cm de espessura. Abra na forma de um retângulo comprido, em seguida meça e marque a massa antes de cortar. Use uma faca afiada ou um cortador de pizza para cortar o *pain au chocolat*.

Coloque 1 bastão de chocolate no lado comprido próximo a você e role a massa, com a emenda para baixo. Se usar 2 bastões de chocolate, role a massa de forma a cobrir o primeiro bastão de chocolate. Prenda a massa por baixo com um pouquinho do ovo batido para pincelar. Coloque o segundo bastão de chocolate bem na ponta presa que foi enrolada. Continue enrolando a massa, terminando com a emenda para baixo.

Transfira a massa modelada para uma caixa de fermentação ou para o forno desligado. Pincele a parte de cima com o ovo

94 | MIMOS MATINAIS

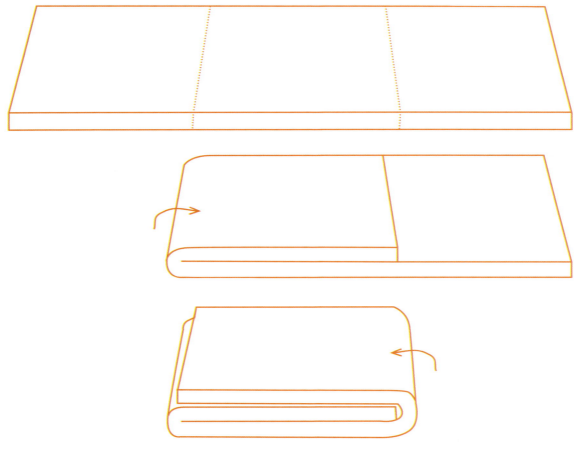

EMENDA ABERTA

batido, tentando não passar pelas camadas laminadas nas pontas. Deixe crescer por 2 ½ a 3 horas em temperatura ambiente (21°C a 27°). Se o ambiente estiver mais quente, a manteiga derreterá. Coloque um recipiente com 1 a 2 xícaras de água fervente junto com o *pain au chocolat*, de forma a criar um ambiente úmido. A massa estará pronta para ir ao forno quando as camadas estiverem aeradas e balançando quando você mexer na assadeira. Coloque um alarme para preaquecer o forno a 200°C por no mínimo 30 minutos antes de levar o *pain au chocolat* para assar. Se estiver usando o forno para a etapa final de crescimento, retire o *pain au chocolat* e deixe terminar de crescer fora do forno.

PARA ASSAR: Asse o *pain au chocolat* por cerca de 12 minutos. Vire a assadeira uma vez durante o processo. Se o *pain au chocolat* estiver escurecendo muito rápido, baixe a temperatura para 190°C. O *pain au chocolat* estará pronto quando a temperatura externa atingir 100°C no termômetro culinário e a crosta tiver adquirido um tom dourado escuro. É melhor servir em temperatura ambiente ou morno, no dia em que assar, mas também pode ser reaquecido e ainda estará delicioso no dia seguinte. Espere esfriar para guardar em um recipiente hermético e armazene na geladeira ou no freezer. Abra, aqueça e sirva.

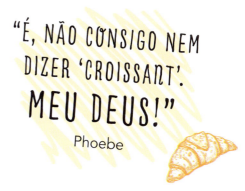

"É, NÃO CONSIGO NEM DIZER 'CROISSANT'. MEU DEUS!"
— Phoebe

MIMOS MATINAIS | 95

BISCOITOS DE CHEDDAR E ALECRIM DA ÁRVORE DE NATAL RESGATADA PELA PHOEBE

TEMPORADA 3, EP. 10

"Aquele em que Rachel pede as contas"

Phoebe se incomoda com o novo trabalho de Joey cortando árvores de Natal, pois acredita que não é certo que as árvores sejam cortadas justo quando estão mais bonitas. Joey tenta acalmá-la, dizendo que as árvores estão cumprindo seu destino natalino. As coisas pioram ainda mais quando Phoebe percebe que as árvores "velhas" vão ser destruídas para dar lugar a árvores novas. Segundo Phoebe, isso é preconceito de idade e provavelmente não é tão afortunado quanto parece. No fim, o milagre de Natal de Phoebe se realiza quando os amigos compram as árvores velhas e as enfeitam para surpreendê-la. No espírito generoso das festas, esses biscoitos de queijo cheddar em forma de árvore de Natal são um presente maravilhoso e podem ser combinados com o Mix de frutas secas & sementes adoçadas iradas do Eddie (página 100).

DIFICULDADE: Fácil
RENDIMENTO: Cerca de 6 dúzias de biscoitos
TEMPO DE PREPARO: 1 hora, mais 1 hora para esfriar

- 90 g de queijo cheddar extraforte, ralado fino
- 15 g de queijo pecorino romano, ralado fino
- 2 colheres de sopa de manteiga sem sal
- ½ xícara de farinha de trigo
- 2 colheres de sopa de amido de milho
- ⅛ colher de chá de pimenta-caiena
- 1 pitada de pimenta-branca
- 1 pitada de noz-moscada ralada na hora
- ¼ colher de chá de sal
- 1 colher de sopa de água gelada, mais um pouco se necessário
- 1 colher de chá de alecrim fresco picado, dividido
- ½ colher de chá de mix de sementes (papoula, gergelim branco e gergelim preto), opcional

Em um processador de alimentos, acrescente os queijos e a manteiga e pulse até misturar por completo e formar uma bola. Adicione a farinha, o amido de milho, a pimenta-caiena, a pimenta-branca, a noz-moscada e o sal e pulse até misturar bem. Adicione a água gelada e pulse mais algumas vezes. Verifique a textura da massa. Deve parecer uma farinha grossa, macia ao ser pressionada entre os dedos. Se a massa estiver seca demais para se unir ao ser pressionada, adicione mais 1 colher de chá de água e pulse mais algumas vezes.

Coloque a massa em um saco plástico pequeno com lacre. Pressione as laterais do saco plástico para sovar a massa. Modele a massa na forma de um quadrado irregular de um pouco mais de 1 cm de espessura. Feche o saco, apertando para tirar o ar. Leve à geladeira por no mínimo 1 hora.

Retire a massa da geladeira e preaqueça o forno a 180°C. Abra a massa entre dois pedaços de papel-manteiga, mantendo uma espessura de 0,2 cm por toda a massa. Tire a folha de papel-manteiga de cima e polvilhe com o alecrim e metade do mix de sementes, se usá-lo, formando uma camada uniforme por toda a massa aberta. Dobre a massa sobre ela mesma uma ou duas vezes e abra até atingir uma espessura de 0,2 cm. Polvilhe a outra metade do alecrim e do mix de sementes por cima da massa, dobre novamente e abra até atingir a espessura de 0,2 cm para cortar.

Use um cortador no formato de árvore de Natal de 4 x 3 cm para cortar os biscoitos. Junte as sobras de massa e abra novamente, até que toda a massa esteja cortada. A receita deve render cerca de 6 dúzias de biscoitos. Coloque os biscoitos em uma assadeira forrada com um tapete de silicone ou papel-manteiga, deixando um espacinho entre os biscoitos. Use as pontas de um garfo ou um palito de dente para fazer três buraquinhos no centro de cada biscoito.

Asse até que as bordas comecem a dourar levemente, de 8 a 10 minutos. Retire do forno e transfira imediatamente para uma grade para interromper o cozimento. Repita até assar todos os biscoitos. Espere a assadeira esfriar entre as fornadas. Os biscoitos se mantêm frescos por 3 dias em um recipiente hermeticamente fechado, guardado em local fresco e seco.

MIX DE FRUTAS SECAS & SEMENTES ADOÇADAS IRADAS DO EDDIE

TEMPORADA 2, EP. 19

"Aquele em que Eddie não sai"

Depois que Joey sai do apartamento que divide com Chandler, um cara chamado Eddie vai morar lá. Chandler logo se sente encurralado quando descobre que Eddie tem uns hábitos estranhos, como observar Chandler dormir e desidratar frutas loucamente. Desidratar frutas é um processo divertido e demorado, então entendemos por que Eddie gosta tanto, mas talvez ele esteja indo um pouco longe demais. Se ele tivesse oferecido um desses petiscos de frutas e castanhas ao Chandler, talvez as coisas tivessem funcionado melhor entre os colegas de apartamento.

DIFICULDADE: Média
RENDIMENTO: 18 rolinhos, ¾ xícaras de frutas secas, 2 xícaras de castanhas com especiarias e 1 xícara de crocante de gergelim
TEMPO DE PREPARO: 6 a 16 horas (incluindo o longo cozimento)

PARA O MIRTILO COM LIMÃO E TÂMARA (CERCA DE 8 ROLINHOS):

350 g de mirtilos
3 colheres de sopa de açúcar refinado
Suco e raspas de 1 limão-siciliano pequeno
2 tâmaras medjool sem sementes e cortadas em cubos
1 pitada de sal

PARA A PITAYA COM LIMÃO E TÂMARA (4 A 5 ROLINHOS):

100 g de polpa de pitaya descongelada sem açúcar
Suco e raspas de 1 limão-siciliano pequeno
2 tâmaras medjool sem sementes e cortadas em cubos
2 colheres de sopa de mel
1 pitada de sal

PARA FAZER OS ROLINHOS DE FRUTAS: Preaqueça o forno a 80°C. Forre uma assadeira com um tapete de silicone ou papel-manteiga.

Coloque os mirtilos, o açúcar, o suco e as raspas de limão, as tâmaras e o sal em um processador de alimentos, liquidificador ou tigela média se usar um mixer de imersão e bata os ingredientes até ficar uma mistura uniforme.

Despeje a mistura de frutas na assadeira forrada. Alise com uma espátula de confeitar, deixando uma borda de 2 cm em toda a volta. Asse na prateleira do meio do forno até o purê de frutas ficar bem firme, seco ao toque, não úmido, nem grudento, por 6 a 8 horas, sendo que a maioria das frutas leva 8 horas para desidratar. A temperatura e o tamanho do forno e as condições climáticas (como umidade elevada) podem afetar o tempo de cozimento. (Se a fruta estiver seca, quebradiça e rija, use um pincel culinário para adicionar um pouco de água à superfície e leve a assadeira novamente ao forno em temperatura baixa até a água ser absorvida e a mistura de frutas ficar flexível, de 10 a 15 minutos.) Retire do forno e deixe esfriar.

Coloque uma folha de papel-manteiga sobre uma tábua de corte grande. Transfira as frutas da assadeira para a folha limpa de papel-manteiga. Usando uma faca afiada, e indo de um dos lados mais compridos até o outro, corte a fruta até o meio, formando duas metades. Use uma faca ou tesouras limpas para aparar as bordas das duas metades. Enrole cada uma das metades em um pedaço de papel-manteiga, começando pela borda menor e indo até o outro lado, ajustando conforme necessário para fazer um rolinho reto. Use uma tesoura afiada para cortar cada rolinho em 4 porções individuais e amarre cada porção com um barbante. Os rolinhos de fruta duram no mínimo 1 semana se armazenados em recipiente hermético, em local seco e fresco.

Repita o processo para fazer os rolinhos de pitaya, limão e tâmara e de kiwi, limão e mel. Espalhe a pitaya em um lado da assadeira e o kiwi na outra metade para fazer um rolinho misto ou rolinhos com dois sabores diferentes.

PARA O KIWI COM LIMÃO E MEL (4 A 5 ROLINHOS):

3 kiwis maduros sem casca e cortados em cubos
Suco de 1 limão-siciliano pequeno
2 colheres de sopa de mel
1 pitada de sal

PARA AS FATIAS DE FRUTAS DESIDRATADAS (CERCA DE ¾ XÍCARA):

Frutas maduras diversas, como maçã, pera, ameixa e pêssego, sem sementes e fatiadas
¼ xícara de suco de limão-siciliano

PARA AS CASTANHAS DOCES OU PICANTES (2 XÍCARAS):

2 xícaras de avelãs, amêndoas, nozes, pecãs, castanhas-do-pará ou amendoins sem casca, inteiros, crus e sem sal
1 colher de chá de clara de ovo, mais ½ colher de chá se necessário
½ xícara de açúcar demerara
1 pitada de sal (opcional)
1 colher de chá de Mix de especiarias para chai (página 167) ou tempero cajun (opcional)

PARA O CROCANTE DE GERGELIM (CERCA DE 1 XÍCARA):

1 xícara de sementes de gergelim
½ colher de chá de clara de ovo, mais ¾ colher de chá se necessário
⅓ xícara de mel
1 pitada de sal
1 colher de chá de óleo de coco ou óleo em spray

PARA FAZER AS FATIAS DE FRUTAS DESIDRATADAS: Preaqueça o forno a 80°C. Use a função de convecção, caso tenha no seu forno. Forre uma assadeira com um tapete de silicone ou papel-manteiga.

Corte e fatie as frutas em pedaços iguais de 0,3 cm de espessura. Em uma tigela grande, misture as frutas com o suco de limão. Dê batidinhas com um papel-toalha para secar as frutas e coloque-as de maneira organizada na assadeira, com espaço entre os pedaços. Asse por 4 a 6 horas, até as frutas secarem completamente. Vire as frutas pelo menos duas vezes durante o processo de desidratação. Mantenha a porta do forno levemente aberta para permitir que o ar circule, caso seu forno não tenha a função de convecção.

Retire as frutas do forno e deixe-as secar em uma grade até esfriarem por completo, por cerca de 8 horas. As frutas desidratadas duram até um mês em um recipiente hermético armazenado em local fresco e seco.

PARA FAZER AS CASTANHAS DOCES OU PICANTES: Preaqueça o forno a 160°C. Passe um pouco de óleo ou manteiga em uma assadeira, ou forre com papel-manteiga.

Em uma tigela média, misture as castanhas com 1 colher de chá de clara de ovo e o açúcar. (Comece colocando 1 colher de chá de clara de ovo, pois poderá escorrer se colocar muito líquido de uma só vez.) Se precisar umedecer o açúcar, adicione mais algumas gotas de clara de ovo e mexa. Misture bem, em seguida adicione as especiarias, se desejar. Espalhe a mistura em uma assadeira forrada ou untada. Asse até ficar crocante e levemente dourada, de 15 a 20 minutos. As castanhas menores e as que ficarem nas bordas da assadeira vão assar mais rápido. Se as castanhas estiverem escurecendo muito rápido e a mistura ainda estiver úmida, reduza a temperatura do forno para 150°C e continue assando até o açúcar secar por completo.

Deixe esfriar na assadeira por cerca de 10 minutos. Separe com cuidado as castanhas que possam ter se agrupado. As castanhas podem ser armazenadas em um recipiente hermético por até 2 semanas.

PARA FAZER O CROCANTE DE GERGELIM: Preaqueça o forno a 160°C. Coloque uma grade na parte inferior do forno. Forre uma assadeira com um tapete de silicone ou papel-manteiga.

Em uma tigela média, misture o gergelim, ½ colher de chá de clara de ovo, o mel e o sal. Acrescente mais ¼ de colher de chá de clara de ovo, ou mais se necessário, para grudar as sementes. Em uma assadeira, espalhe o óleo de coco e depois as sementes em um retângulo de 0,2 cm de espessura. Asse na grade mais baixa do forno até o crocante ficar levemente dourado nas bordas, mas ainda claro no restante, por cerca de 10 minutos. Deixe esfriar na assadeira por 15 minutos, depois quebre em pedaços de 5 x 5 cm ou 6 x 6 cm. Os pedaços que ficarem menores podem ser usados para dar um toque crocante em smoothies ou saladas. Coloque em um recipiente coberto e guarde em local fresco e escuro por até 2 semanas.

"MINHA NOSSA, ESSE NEGÓCIO É FANTÁSTICO!"
Eddie

SANDUÍCHE DA MALDADE NO BARCO DO JOEY

TEMPORADA 7, EP. 3

"Aquele com os biscoitos da Phoebe"

Quando Rachel e Joey embarcam em uma aventura para ensinar Joey a navegar, Rachel exagera um pouco nas críticas, e Joey fica magoado. Quando Rachel percebe que está agindo como seu pai quando ele a ensinou a navegar, ela se sente péssima. Os dois fazem as pazes comendo sanduíches, mas aí Joey a acusa de desperdiçar um excelente pastrami. Agora é ele que percebe que está agindo como o próprio pai. Esses sanduíches são a refeição perfeita para compartilhar com um amigo, seja na água aprendendo a navegar, seja em uma reunião em casa. Aqui não tem nem o que criticar!

DIFICULDADE: Difícil
RENDIMENTO: Para 2 a 4 pessoas
TEMPO DE PREPARO: 3 horas e 10 minutos, mais uma noite para o pré-fermento do pão

PRÉ-FERMENTO DO PÃO DE GERGELIM:
½ xícara de leite morno (45°C a 50°C)
½ colher de chá de fermento biológico seco
½ colher de chá de mel
½ xícara de farinha de trigo

PÃO DE GERGELIM:
½ colher de chá de fermento biológico seco
½ a ¾ xícara de água morna (45°C a 50°C)
1 ½ a 2 xícaras de farinha de trigo
1 ½ colher de chá de sal
1 colher de sopa de clara de ovo
1 colher de sopa de sementes de gergelim (não tostadas)

PARA O PATÊ DE AZEITONAS:
6 pimentas dedo-de-moça médias sem o caule
2 pimentas amarelas marinadas sem o caule
1 a 2 pimentões assados picados (¼ xícara)
7 azeitonas grandes recheadas com pimenta picadas grosseiramente (⅓ xícara)
5 corações de alcachofra marinados picados grosseiramente (½ xícara)
2 dentes de alho
2 colheres de chá de vinagre de maçã
¼ colher de chá de sal
¼ colher de chá de pimenta-do-reino moída na hora
⅛ colher de chá de pimenta-branca

PARA O SANDUÍCHE:
Azeite de oliva para pincelar
24 fatias finas (120 g) de copa
24 fatias finas (120 g) de salame
4 a 5 fatias finas (120 g) de mortadela
3 a 4 fatias finas de provolone cortado em pedaços pequenos
3 a 4 fatias finas de queijo emmental

PARA FAZER O PRÉ-FERMENTO DO PÃO DE GERGELIM: Um dia antes de fazer o pão, coloque o leite morno em uma tigela média e polvilhe o fermento seco. Misture o mel. Deixe descansar por 5 a 10 minutos. O fermento deve começar a espumar no topo. Se o fermento não estiver ativo, recomece, pois o fermento pode estar velho ou talvez o leite estivesse quente demais, matando o fermento.

Adicione a farinha de trigo à mistura de leite e mexa até homogeneizar. Transfira a massa do pré-fermento para um recipiente levemente untado que tenha espaço para a massa dobrar de volume. Cubra, sem apertar, com plástico-filme e coloque em um local quente e sem correntes de ar. Deixe a massa do pré-fermento descansar em temperatura ambiente por 8 horas.

PARA FAZER A MASSA DO PÃO DE GERGELIM: Polvilhe o fermento por cima do pré-fermento e comece a sovar a massa com os dedos. Adicione a água lentamente, depois a farinha. A massa ficará com um aspecto grosseiro. Continue trabalhando a massa até formar uma bola. Adicione o sal e continue trabalhando a massa.

Continua na página 104

MIMOS DO MEIO-DIA | 103

Continuação da página 103

Transfira a massa para uma superfície levemente enfarinhada ou use uma batedeira com batedor de gancho para sovar a massa por no mínimo 10 minutos. Adicione uma pequena quantidade de farinha ou água, conforme necessário, durante a sova. Se a massa estiver muito dura para trabalhar, deixe descansar por 5 minutos coberta com um pano de prato e depois continue a sovar. Quando a massa estiver lisa, elástica e sem grudar nos dedos, modele-a no formato de bola, enrolando a massa por baixo.

Transfira para uma tigela levemente untada na qual a massa possa dobrar de volume. Cubra com plástico-filme e marque o tamanho da bola de massa com uma fita ou marcador por cima do plástico. Deixe a massa crescer em temperatura ambiente até dobrar de tamanho, por cerca de 1 hora, em local sem correntes de ar.

Bata na massa para soltar o ar. Sove por alguns minutos. Use as mãos e um rolo para modelar e abrir a massa no formato de um disco de 18 cm de diâmetro por 3 cm de espessura. Coloque a massa em uma frigideira de ferro ou fundo triplo de 30 cm de diâmetro levemente untada. Pincele o topo da massa com a clara de ovo e polvilhe com sementes de gergelim. Preaqueça o forno a 200°C. Cubra a massa, sem apertar, com plástico-filme e um pano de prato limpo e deixe crescer em temperatura ambiente até dobrar de volume, cerca de 35 minutos.

Asse o pão até ficar levemente dourado e fazer um som oco quando tocado na parte de cima, cerca de 30 minutos. Deixe esfriar em uma grelha antes de usar. O pão pode ser feito até 1 dia antes. Embrulhe em papel-manteiga e coloque em um saco de papel sem fechar.

PARA FAZER O PATÊ DE AZEITONAS: Pique as pimentas, os pimentões, as azeitonas, os corações de alcachofra e o alho e coloque em uma tigela média. Adicione vinagre, sal, pimenta-do-reino e pimenta-branca, mexendo bem. Cubra a tigela com plástico-filme e deixe na geladeira até a hora de usar. O patê de azeitonas pode ser feito com até 3 dias de antecedência.

PARA FAZER O SANDUÍCHE: Preaqueça o forno a 200°C.

Fatie o pão de gergelim em duas metades. Coloque em uma assadeira, com o lado cortado para cima, e leve ao forno até o miolo tostar, mas não ficar dourado, por cerca de 3 minutos. Transfira o pão para uma tábua de corte. Pincele um pouco de azeite de oliva nas duas metades. Espalhe quantidades iguais de patê de azeitona nas duas partes. (Se quiser um sanduíche mais seco, separe ¼ de xícara de patê de azeitona e sirva como acompanhamento.)

Na metade de baixo do pão, faça as camadas de frios, começando com as 12 fatias de copa, o salame e a mortadela, depois os queijos emmental e provolone. Coloque as 12 fatias restantes de copa sobre o queijo. Embrulhe o sanduíche em plástico-filme bem apertado. Abra espaço na geladeira. Coloque uma frigideira pesada em cima do sanduíche, para fazer peso, por 1 hora. O sanduíche dura até 2 dias depois de embalado. Corte ao meio ou em quatro partes iguais. Deixe o sanduíche em temperatura ambiente antes de servir. Sirva com mais um pouco de patê de azeitonas, se não tiver colocado tudo no sanduíche.

"LIÇÃO APRENDIDA, RACHEL É MALVADA."
Joey

PASTRAMI DA PROMESSA DO JOEY

TEMPORADA 4, EP. 16

"Aquele da festa de despedida"

Quando fica grávida dos trigêmeos, a sempre vegetariana Phoebe se vê com desejos desesperados de comer carne. Ela faz de tudo para resistir à tentação, mas Joey se oferece para ajudá-la a aliviar a culpa. Eles fazem um acordo em que Joey se compromete a não comer carne durante o resto da gravidez de Phoebe para que ela possa comer a parte dele, mantendo inalterada a quantidade de carne consumida no universo. Para homenagear a promessa, esse delicioso sanduíche traz três tipos de carne: pastrami, rosbife e peito de peru defumado.

DIFICULDADE: Fácil
RENDIMENTO: 2 sanduíches
TEMPO DE PREPARO: 25 minutos

PARA A SALADA:
- ¼ xícara de repolho finamente fatiado e picado
- 2 colheres de sopa de cebola roxa cortada em cubos
- 1 colher de sopa de cebola branca cortada em cubos
- 1 colher de sopa de cenoura descascada e cortada em cubos
- ¼ xícara de maçã verde sem miolo cortada à julienne
- 1 colher de sopa de vinagre de maçã
- ¼ colher de chá de sal com aipo
- 2 colheres de sopa de raiz-forte
- 1 colher de sopa de maionese
- 1 pitada de mostarda em pó
- ⅛ colher de chá de sal
- ⅛ colher de chá de pimenta-branca
- ⅛ colher de chá de pimenta-do-reino moída na hora

PARA O SANDUÍCHE:
- 4 fatias de pão de centeio
- 6 fatias de pastrami (180 g)
- 6 fatias de rosbife (180 g)
- 6 fatias de peito de peru defumado (120 g)
- 3 colheres de sopa de mostarda rústica em grãos
- 4 fatias de queijo suíço
- 4 pepinos em conserva pequenos, mais alguns para servir

Preaqueça o forno a 160ºC.

PARA FAZER A SALADA: Em uma tigela média, misture o repolho, a cebola roxa, a cebola branca, a cenoura, a maçã, o vinagre, o sal com aipo, a raiz-forte, a maionese, a mostarda em pó, o sal, a pimenta-branca e a pimenta-do-reino. Cubra e leve à geladeira. A salada pode ser feita até 1 dia antes.

PARA FAZER O SANDUÍCHE: Aqueça o pão na grade superior do forno até ficar seco, mas não torrado, por cerca de 3 minutos. Reserve. Faça pacotinhos individuais de papel-alumínio para as carnes do sanduíche, colocando o pastrami, o rosbife e o peito de peru em um pedaço de papel-alumínio. Borrife um pouco de água nas carnes e dobre as pontas do papel-alumínio por cima das carnes, fazendo um pacotinho fechado. Coloque em uma frigideira ou prato que possa ir ao forno e aqueça até as carnes estarem quentes, por cerca de 8 minutos.

Prepare os pães. Espalhe a mostarda em um lado das fatias de cada sanduíche. Coloque 2 fatias de queijo na fatia de cima do pão de cada sanduíche. Cubra o queijo com ¼ de xícara de salada. Coloque o pepino em conserva na fatia de baixo do pão. Cubra com o pastrami, rosbife e o peito de peru aquecidos. Coloque com cuidado a parte de baixo do sanduíche, com as carnes, por cima da salada. Vire o sanduíche e prenda com palitos de dente. Corte e sirva com alguns pepinos em conserva como acompanhamento!

MIMOS DO MEIO-DIA | 105

BOLINHAS DE *MAC AND CHEESE* E DO RATO NA TOCA DO GUNTHER

TEMPORADA 3, EP. 13
"Aquele em que Monica e Richard são só amigos"

Robert, um cara com quem Phoebe está saindo, tem um pequeno probleminha que faz os rapazes rirem. Ross, Joey e Chandler fazem disso uma piada interna, mas Phoebe não entende nada. Acontece que Robert, como diz Chandler, "não é tão discreto nas partes baixas como a gente gostaria". Ninguém tem coragem de dizer para ele, até que Gunther desembucha: "Ei, cara, isso aqui é um lugar de família, coloque o ratinho de volta na toca". Já não é mais segredo, essas bolinhas de *mac and cheese* são incríveis e sugerimos que você mostre para todo mundo – de propósito, é claro.

DIFICULDADE: Média
RENDIMENTO: 8 bolinhas de 5 cm
TEMPO DE PREPARO: 1 ½ hora

PARA O MACARRÃO:
1 ½ colher de chá de sal
1 ½ xícara de macarrão caracol

PARA O MOLHO DE QUEIJO:
3 colheres de sopa de manteiga sem sal
3 colheres de sopa de farinha de trigo
1 ½ xícara de leite em temperatura ambiente
1 pitada de noz-moscada ralada na hora
2 dentes de alho picados
1 xícara de queijo cheddar ralado (100 g)
1 xícara de queijo gruyère ou comté ralado (100 g)
¼ xícara de queijo parmesão finamente ralado
1 colher de chá de alho em pó
¼ colher de chá de pimenta-branca moída
¾ colher de chá de sal
¾ a 1 ½ colher de chá de pimenta jalapeño picada
¼ xícara de cebola picada

PARA O MOLHO DE QUEIJO BRANCO E JALAPEÑO:
2 colheres de sopa de leite, mais um pouco se necessário
¼ colher de chá de alho em pó
½ colher de chá de pimenta jalapeño picada
2 dentes de alho picados
¼ xícara de queijo parmesão finamente ralado
Sal

PARA EMPANAR:
1 ½ xícara de farinha panko sem tempero
1 colher de chá de alho em pó
1 colher de chá de sal
2 ovos grandes batidos
⅔ xícara de queijo parmesão finamente ralado

3 a 4 xícaras de óleo vegetal com ponto de fumaça elevado (canola, amendoim, cártamo ou milho)

PARA FAZER O MACARRÃO: Leve uma panela grande com água e sal ao fogo para cozinhar o macarrão seguindo as instruções da embalagem. Escorra o macarrão quando estiver al dente. Espalhe o macarrão em uma assadeira e cubra com papel-alumínio, deixando um espaço pequeno para o vapor sair. Reserve.

PARA FAZER O MOLHO DE QUEIJO: Em uma panela grande, derreta a manteiga em fogo baixo. Adicione a farinha, aumente o fogo para médio e cozinhe mexendo por cerca de 2 minutos. Não deixe a manteiga escurecer. Coloque o leite aos poucos. Continue mexendo mais rápido até o molho engrossar e começar a ferver. Misture a noz-moscada e o alho. Transfira metade do molho para uma tigela e reserve. Na panela com a metade restante do molho, adicione os queijos, o alho em pó, a pimenta-branca, o sal, a pimenta jalapeño e a cebola. Leve de volta ao fogo médio e mexa. Continue cozinhando e mexendo até os queijos derreterem completamente. Adicione o macarrão e mexa para cobrir tudo com o molho. Experimente o tempero e ajuste se necessário. Retire do fogo e deixe esfriar. Esfrie o macarrão na panela, em um suporte, ou em um recipiente separado por cerca 30 minutos.

Continua na página 108

MIMOS DO MEIO-DIA | 107

Continuação da página 107

PARA FAZER O MOLHO DE QUEIJO BRANCO E JALAPEÑO: Misture o leite, o alho em pó, o jalapeño, o alho picado, o queijo parmesão e sal a gosto no molho reservado. Depois de frio, guarde coberto na geladeira até a hora de usar.

PARA EMPANAR: Em uma tigela pequena, misture a farinha panko, o alho em pó e o sal. Prepare-se para empanar as bolinhas, colocando os ovos batidos em uma tigela, o queijo parmesão em uma segunda tigela e a farinha panko temperada em uma terceira. Use um medidor de ¼ de xícara e faça bolinhas de cerca de 5 cm com o macarrão frio. Passe com cuidado cada bolinha nos ovos, em seguida no parmesão e depois na farinha panko e repita para fazer duas camadas. Coloque as bolinhas empanadas em uma assadeira.

Preaqueça o forno a 90°C. Encha ⅔ de uma frigideira média de fundo triplo com o óleo. Aqueça o óleo em fogo médio-alto até marcar 180°C em um termômetro culinário (ver notas sobre fritura na página 23). Enquanto o óleo aquece, forre uma assadeira com algumas camadas de papel-toalha. Usando uma escumadeira, coloque algumas bolinhas de *mac and cheese* no óleo e frite até adquirirem uma cor dourada escura, cerca de 2 minutos. Transfira as bolinhas para a assadeira forrada. Coloque a assadeira com as bolinhas no forno, para esquentar o miolo e mantê-las aquecidas.

Para servir, aqueça o molho no micro-ondas ou em uma panela em fogo baixo, mexendo sempre. Coloque mais leite se necessário para obter uma consistência suave. Verifique o tempero e ajuste se necessário. Sirva as bolinhas de *mac and cheese* acompanhadas do molho.

"EI, CARA, ISSO AQUI É UM LUGAR DE FAMÍLIA, COLOQUE O RATINHO DE VOLTA NA TOCA."
Gunther

SANDUÍCHE SAFADO DE SALADA DA MONICA

TEMPORADA 2, EP. 14

"Aquele com o vídeo da formatura"

Monica vai a uma entrevista de emprego que acaba ficando bem esquisita. O entrevistador dá indiretas nada sutis de que está ficando excitado pelo modo como Monica prepara a salada. Como os comentários inapropriados sobre o preparo não param, Monica abandona a entrevista. Talvez a saída apressada e a ida para casa de metrô tenham inspirado Monica a fazer esse sanduíche com ingredientes frescos, para levar de lanche. Não se preocupe, a receita não tem safadezas.

DIFICULDADE: Fácil
RENDIMENTO: 1 sanduíche em baguete de 18 cm
TEMPO DE PREPARO: 15 minutos

PARA O PATÊ DE CREAM CHEESE:
¼ xícara de cream cheese
1 dente de alho amassado
2 colheres de sopa de chalota picada (cerca de 1 chalota)
⅛ colher de chá de alho em pó
¼ colher de chá de sal
⅛ colher de pimenta-do-reino moída na hora
⅛ colher de chá de pimenta-branca
1 pitada de pimenta-caiena
⅛ colher de chá de alecrim fresco picado
½ colher de chá de mix de sementes (papoula, gergelim branco e gergelim preto)

PARA O SANDUÍCHE:
1 baguete de 18 cm ou pão francês
2 pimentões vermelhos assados em conserva sem óleo
1 pepino em conserva pequeno ou 1 pimenta dedo-de-moça pequena picada
¼ avocado maduro esmagado
10 folhas médias de manjericão fresco
½ xícara de brotos de alfafa, lavados e secos, dividida
¼ cebola roxa pequena finamente fatiada
½ pepino japonês finamente fatiado
2 a 3 cogumelos brancos ou marrons, finamente fatiados
½ pimentão verde finamente fatiado
1 colher de sopa de vinagre de vinho tinto

Preaqueça o forno a 160°C.

PARA FAZER O CREME DE CREAM CHEESE: Em uma tigela média, misture o cream cheese, o alho, a chalota, o alho em pó, o sal, a pimenta-do-reino, a pimenta-branca, a pimenta-caiena, o alecrim e o mix de sementes. O creme pode ser feito várias horas antes de servir e armazenado na geladeira.

PARA FAZER O SANDUÍCHE: Coloque o pão em uma assadeira e aqueça até a crosta ficar crocante, de 3 a 4 minutos. Deixe esfriar em temperatura ambiente. Fatie o pão na vertical e espalhe uma camada uniforme do creme de cream cheese em ambos os lados. Dê umas batidinhas com papel-toalha no pimentão e no pepino em conserva para tirar o líquido. Em um lado do pão, coloque uma camada de avocado esmagado, manjericão e metade dos brotos, seguindo essa ordem. Coloque uma camada de pepino em conserva fatiado no outro lado do pão. Em seguida, acrescente o pimentão vermelho, o pimentão verde, a cebola, o pepino japonês, os cogumelos e o restante do broto.

Coloque com cuidado a fatia de cima sobre a fatia de baixo do pão. Corte na horizontal, bem no meio. O sanduíche pode ser embalado em papel-manteiga e papel-alumínio e armazenado na geladeira por até 1 hora. Antes de servir, pingue um pouco de vinagre dentro do sanduíche.

MIMOS DO MEIO-DIA

PRETZELS PARA O ROSS ENROLAR E FICAR BEM NA FOTO

TEMPORADA 8, EP. 11

"Aquele do cartão assustador"

Mona e Ross vão ao Rockefeller Center, mas se assustam com um vendedor de pretzels que tira fotos do peito dela. Mona e Ross chegam a um impasse quando ela quer que eles mandem cartões de Natal como um casal, embora namorem há pouco tempo. Ross apela para a enrolação enquanto tenta achar uma saída para aquela situação complicada.

DIFICULDADE: Difícil
RENDIMENTO: 6 a 8 pretzels
TEMPO DE PREPARO: 3 horas

¾ xícara de água morna (45°C a 50°C), mais um pouco se necessário

1 colher de sopa mais 1 ½ colher de chá de fermento biológico seco

1 pitada de açúcar refinado

3 xícaras de farinha de trigo, mais um pouco se necessário

1 colher de sopa de amido de milho

1 colher de chá de farinha de trigo-sarraceno (opcional)

2 colheres de chá de açúcar mascavo

2 colheres de sopa de manteiga sem sal em temperatura ambiente

1 ½ colher de chá de sal

¼ xícara de cerveja pilsen sem gás em temperatura ambiente

Azeite de oliva para untar

Fubá para polvilhar a assadeira

6 xícaras de água para o banho de bicarbonato de sódio

3 colheres de sopa de bicarbonato de sódio

1 ovo grande batido até ficar espumoso

115 g de sal grosso

180 g de creme de queijo extraforte comprado pronto

Em uma tigela ou jarro de vidro pequeno, misture a água morna, o fermento e o açúcar refinado. Mexa e deixe descansar por 5 a 10 minutos. O fermento deve começar a espumar. Se o fermento não se ativar, provavelmente está inativo. Recomece com um fermento fresco.

Retire a tigela da batedeira ou use uma tigela grande para misturar a farinha de trigo, a farinha de trigo-sarraceno (se usar) e o açúcar mascavo. Faça um buraco no centro da farinha. Adicione a mistura de fermento. Use uma espátula para misturar o fermento à farinha lentamente, criando uma massa de aspecto grosseiro. Adicione a manteiga, o sal e a cerveja.

Leve a tigela de volta à batedeira e sove com o gancho de massa por 5 a 8 minutos em velocidade baixa. Se sovar à mão, transfira a massa para uma superfície de trabalho (se necessário, polvilhe com um pouco de farinha de trigo para evitar que grude). Continue sovando até que a massa esteja homogênea. Se a massa estiver muito grudenta, coloque um pouco mais de farinha de trigo, 2 colheres de sopa de cada vez, enquanto sova. Se a massa não se aglutinar e estiver com um aspecto seco, adicione mais 1 ou 2 colheres de sopa de água e continue sovando por mais 8 minutos. Sove até a massa ficar lisa e se prender no gancho da batedeira.

Transfira a massa para uma superfície de trabalho. Modele no formato de uma bola irregular. Abra a massa, puxando-a para o lado direito e dobrando de volta até o meio. Repita com o lado esquerdo, da frente para trás e de trás para frente. Repita mais uma vez com o lado direito. Isso fortalece o glúten. Sove com as mãos por cerca de 5 minutos. Dobre e comprima a massa por baixo, formando uma bola lisa e uniforme. Durante a sova, coloque pequenas quantidades de farinha na superfície de trabalho, apenas o necessário para evitar que a massa grude.

Transfira a massa para uma tigela levemente untada onde a massa possa crescer alguns centímetros. Cubra com plástico-filme e marque o tamanho da massa no plástico com uma fita ou caneta marcadora. Transfira a massa para um local aquecido (menos de 25°C) e sem correntes de ar por 15 minutos. Bata na massa para soltar o ar e transfira para uma superfície de trabalho para modelar os pretzels.

110 | MIMOS DO MEIO-DIA

Para modelar os pretzels, corte a massa em 6 a 8 pedaços iguais. Modele um pretzel de cada vez. Transfira o restante da massa para uma assadeira coberta com plástico-filme e armazene na geladeira até a hora de usar. A massa gelada é mais fácil de abrir sem quebrar. Com a palma da mão, enrole um pedaço de massa, formando uma corda (com 2 cm de espessura e 50 cm de comprimento). Passe um pouco de água nas mãos, se necessário, para evitar que a massa escorregue.

Afine as pontas da corda e grude ligeiramente um dos lados à superfície de trabalho, então faça um formato de U grande com a corda. Segure as duas pontas e cruze uma por cima da outra, torcendo-as no centro do U. Traga as pontas para baixo e prenda-as por baixo ou por cima do U, com um espaço de 5 cm entre as pontas. A corda deve ficar parecida com um pretzel tradicional. Transfira o pretzel modelado para uma assadeira forrada com papel-manteiga ou tapete de silicone. Repita com os outros pedaços de massa até que todos os pretzels estejam modelados. Deixe os pretzels crescerem em temperatura ambiente, cobertos com um pano de prato limpo ou plástico-filme, por cerca de 10 a 15 minutos. Leve à geladeira para esfriar por uma hora, sem cobrir.

Preaqueça o forno a 200ºC. Forre uma assadeira com papel-manteiga ou um tapete de silicone e polvilhe com fubá.

Em uma frigideira de bordas altas de 25 cm de diâmetro, aqueça a água para o banho de bicarbonato de sódio. Deixe espaço suficiente na frigideira para a reação química que faz a água borbulhar logo depois de adicionado o bicarbonato de sódio (pelo menos 3 cm da borda).

Coloque o bicarbonato de sódio quando a água começar a ferver. A água vai subir imediatamente e levar alguns segundos para baixar. Use uma escumadeira para mergulhar 1 ou 2 pretzels de cada vez no banho de bicarbonato de sódio. Use a escumadeira para pressionar o pretzel para baixo ou uma concha para despejar a água com bicarbonato de sódio por cima e pelos lados. Depois de 10 a 15 segundos, use a escumadeira para retirar e escorrer o pretzel. Transfira para a assadeira forrada.

Risque os pretzels nas laterais com uma lâmina ou faca bem afiada. Pincele cada pretzel com o ovo batido, depois polvilhe o sal grosso. Ligue o forno a 200ºC e asse os pretzels até ficarem bem dourados, de 18 a 25 minutos. Sirva acompanhado do molho de queijo.

LEGUMES CRUS COM MOLHO MISTERIOSO DO ROSS PARA A GAROTA SUJA

TEMPORADA 4, EP. 6
"Aquele com a garota suja"

Ross mal consegue disfarçar a empolgação com sua nova namorada, a linda Cheryl. Ela é cientista, trabalha em um museu e tem até o mesmo senso de humor esquisito dele. Os dois parecem ter muito em comum até ela convidá-lo para ir ao seu apartamento. O lugar é tão sujo que Ross acha que tem um rato escondido em um pacote de batatinhas fritas. Ele sai atrás do pacote com uma escova de banheiro que encontra pelo chão, até descobrir que pode ser Mitsy, a hamster de estimação de Cheryl. No final das contas, era um rato mesmo! Para essa receita não é preciso sair à caça, basta providenciar alguns legumes frescos e preparar um Molho verde (página 129) para acompanhar.

DIFICULDADE: Média
RENDIMENTO: 2 a 4 porções
TEMPO DE PREPARO: 30 minutos

- 2 a 4 cenouras baby com parte da rama e cortadas pela metade
- 4 aspargos com as pontas aparadas
- 8 ervilhas-tortas limpas e com as pontas aparadas
- 4 rabanetes com as pontas aparadas e cortados em 4 partes iguais
- 6 tomates-cereja inteiros ou pela metade
- 2 minipepinos divididos ao meio e cortados em 4 partes iguais no sentido do comprimento
- 2 talos de aipo cortados em bastões de 1 cm de largura
- 4 pimentões coloridos mistos, cortados no sentido do comprimento em bastões de 1 cm de largura
- 6 palitos de batata yacon descascadas, aparadas e cortadas em bastões de 1 cm de largura
- 6 a 8 unidades de mussarela de búfala em bolinha, marinadas em azeite de oliva ou puras
- Pão rústico fatiado para servir
- Queijo marinado comprado pronto para servir
- ¼ a ½ xícara de Molho verde (página 129)

Leve uma panela com água bem salgada para ferver em fogo alto. Uma proporção alta de água para os vegetais manterá a água quente e evitará que os vegetais se apinhem. Encha uma tigela grande com água e gelo.

Mergulhe os vegetais na água fervente. Coloque primeiro as cenouras, 20 segundos depois, os aspargos, 10 segundos depois, as ervilhas-tortas. Cozinhe por mais 5 segundos. Escorra imediatamente e mergulhe os vegetais na água com gelo para interromper o cozimento. O branqueamento deixa os vegetais mais macios e com a cor mais viva. Eles devem manter a textura crocante. Quando os vegetais tiverem esfriado, tire-os da água e seque com um papel-toalha ou pano de prato. Armazene os vegetais na geladeira em um recipiente coberto ou em embalagens plásticas fechadas por até 24 horas.

Disponha os vegetais branqueados junto com os rabanetes, tomates, pepinos, aipo, pimentões, batata yacon e mussarela em compartimentos separados em uma travessa com tampa ou prato para compartilhar com os amigos. (Acrescente o Mix de frutas secas & sementes adoçadas iradas do Eddie [página 100] para um grupo maior.) O prato pode ser preparado com 1 dia de antecedência, se for bem embalado e refrigerado. Acrescente o pão e o queijo marinado pouco antes de servir. Coloque o molho em um ramequim pequeno e sirva com os legumes crus. Vá fundo!

CHIPS PERFUMADOS COM ALECRIM, PARMESÃO E AZEITE TRUFADO DO JOEY

TEMPORADA 6, EP. 8
"Aquele com os dentes do Ross"

Janine, a nova colega de quarto de Joey, tenta deixar o apartamento mais bacana colocando fotos de bebês fofos, velas e outras "coisas de menina" que Joey nem entende. Como o "palito quente" no banheiro – o babyliss –, e as toalhas penduradas em cabides que têm um cheiro e um toque "diferente". No fim das contas, Joey decide que pode ceder e viver com algumas das coisas novas, mas não dá para não rir quando ele se refere às "batatinhas" que Janine comprou como "verão em um pote". Esses chips caseiros de batata vão deixar sua cozinha com um aroma incrível de trufas e alecrim.

DIFICULDADE: Média
RENDIMENTO: 1 a 2 porções
TEMPO DE PREPARO: 40 minutos

- 4 xícaras de óleo vegetal com ponto de fumaça alto, como de amendoim, para fritar
- 1 colher de sopa de sal rosa do Himalaia fino, para os chips
- 1 ½ colher de chá de alecrim bem picado
- ⅓ xícara de queijo parmesão finamente ralado
- 2 colheres de sopa de azeite de trufas brancas (encontrado em lojas de especialidades)
- 1 colher de sopa de sal
- 500 g de batata-inglesa

DICAS PARA USAR UM MANDOLIM: O objetivo é fatiar as batatas com a espessura de uma folha de papel, cerca de 0,1 cm. Ajuste a lâmina se necessário. Usando o suporte ou a palma da mão, deslize a batata na horizontal com cuidado. Preste atenção ao posicionamento dos dedos enquanto corta ou use uma luva anticorte para evitar lesões.

Encha ⅔ de uma panela de ferro ou frigideira de fundo grosso com óleo. Aqueça o óleo em fogo médio até marcar 170°C em um termômetro culinário.

Enquanto o óleo aquece, prepare uma área de trabalho e estação de fritura perto do fogão, com escumadeira e pinças. Forre duas assadeiras com duas camadas de papel-toalha. Forre uma terceira assadeira com papel-manteiga. Deixe preparado o sal do Himalaia, o alecrim, o queijo parmesão e o azeite de trufas em potes individuais próximos à assadeira forrada com papel-manteiga.

Preaqueça o forno a 180°C.

Despeje 2 xícaras de água gelada em uma tigela média ou grande e coloque o sal de cozinha na água. Use um mandolim no ajuste fino para fatiar as batatas com 0,1 cm de espessura. Depois de cortar várias fatias, transfira-as para uma tigela com água gelada e massageie-as para soltar o amido. Continue fatiando as batatas e massageando as fatias até restar o último pedaço de batata. Descarte essa ponta.

Transfira ⅓ das fatias de batata para uma das assadeiras forradas com papel-toalha e dê batidinhas para secar. Troque o papel-toalha se necessário e seque todas as batatas, tirando o máximo de umidade possível.

Para fritar as batatas, use um termômetro culinário para verificar se o óleo atingiu a temperatura de 170°C. Coloque as fatias de batata em uma escumadeira e mergulhe-as no óleo. Vá virando e embebendo as batatas para que fritem por igual, até parecerem cozidas, mas sem escurecer, cerca de 4 minutos. Transfira para uma assadeira forrada com papel-toalha. Usando as pinças, arrume os chips em camada única. Se algum chip estiver mole e não crocante, retorne-o ao óleo por mais alguns segundos e depois transfira para o papel-toalha para escorrer. Salpique o sal rosa do Himalaia sobre os chips. Transfira os chips para a assadeira forrada com papel-manteiga. Salpique o alecrim e regue com o azeite de trufas. Coloque a assadeira no forno até os chips ficarem crocantes e levemente dourados nas bordas, por 3 a 4 minutos. À medida que vai fritando as batatas, transfira os chips prontos para uma tigela e coloque os chips recém-fritos na assadeira. Acrescente as coberturas nos chips antes de levar ao forno e repita o processo até que todas as batatas estejam fritas e cozidas.

MIMOS DO MEIO-DIA | 113

MIMOS PARA O Lanche

PIADINA NA CHAPA COM LEGUMES GRELHADOS DA RACHEL

TEMPORADA 6, EP. 12

"Aquele da piada"

Você disse chapa quente? Na temporada 6, o apartamento de Rachel e Phoebe pega fogo, deixando-as sem casa. A dupla se reveza entre as casas de Joey e Monica. Esse esplêndido e prático sanduíche é inspirado no estilo de comida casual e no amor por pizza do Joey e na experiência de pousada gourmet do quarto de hóspedes da Monica. Adicione ovos mexidos para Phoebe e Rachel, linguiça para Joey e queijo de cabra para Monica.

DIFICULDADE: Média
RENDIMENTO: 2 porções
TEMPO DE PREPARO: 30 minutos

PARA O PÃO DE FRIGIDEIRA:
- 2 colheres de sopa de azeite de oliva ou óleo vegetal de boa qualidade
- 1 receita de Piadina básica (página 28) ou pão para wrap comprado pronto

PARA O MOLHO DE MANTEIGA DE ALHO DEFUMADO:
- 2 colheres de sopa de manteiga sem sal
- ⅛ colher de chá de pimenta calabresa
- ⅛ colher de chá de alecrim fresco picado
- ⅛ colher de chá de páprica defumada (picante, não doce)
- ¼ colher de chá de sal
- 1 pitada de pimenta-do-reino moída na hora
- 1 dente de alho amassado

PARA OS LEGUMES GRELHADOS:
- ½ cebola branca ou amarela em fatias de 0,2 cm de espessura
- ½ abobrinha cortada no sentido do comprimento, em fatias de 0,2 cm de espessura
- ½ pimentão verde cortado na metade e sem sementes
- ¼ pimentão vermelho, alaranjado ou amarelo sem sementes
- 4 a 6 cogumelos paris
- 6 tomates-cereja perfurados com um garfo ou 1 tomate para molho cortado em fatias de 0,2 cm
- 2 colheres de sopa de óleo vegetal com ponto de fumaça elevado
- Sal e pimenta-do-reino moída na hora

PARA A MONTAGEM:
- ⅓ xícara de queijo parmesão ralado
- 4 a 6 bolinhas de mussarela cortadas em cubos
- 4 colheres de sopa de ricota
- 2 ovos fritos ou mexidos (opcional)
- 1 pimenta jalapeño sem cabo e fatiada em rodelas de 0,1 cm de espessura
- 6 folhas de manjericão fresco cortadas em chiffonade
- 2 colheres de sopa de folhas de orégano fresco finamente picado
- Molho de pimenta (opcional)
- Sal e pimenta-do-reino moída na hora

PARA FAZER O PÃO NA CHAPA: Passe um pouco de óleo na superfície de uma frigideira com grelha para fogão ou em uma grelha de ferro. Aqueça a grelha em fogo médio-alto. Grelhe o pão por alguns minutos de cada lado, até as marcas da grelha ficarem perceptíveis e o pão, aquecido. Reserve. Mantenha a grelha no fogo para preparar os legumes.

PARA FAZER O MOLHO DE MANTEIGA DE ALHO DEFUMADO: Em uma tigela pequena própria para micro-ondas esquente a manteiga, 30 segundos de cada vez, até derreter por completo. Adicione pimenta calabresa, alecrim, páprica, sal, pimenta e alho e mexa até homogeneizar. Reserve.

PARA FAZER OS LEGUMES GRELHADOS: Coloque a cebola, a abobrinha, o pimentão verde, o pimentão vermelho, os cogumelos e os tomates em uma tigela média, regue com azeite de oliva e tempere com sal e pimenta-do-reino. Coloque os legumes na grelha com um espaçamento adequado. Trabalhe por partes, começando pelas cebolas, abobrinhas e pimentões, a seguir grelhe os cogumelos, virando-os quando ficarem com a marca da grelha. Adicione os tomates e grelhe até ficarem levemente tostados. Retire os legumes do fogo assim que estiverem cozidos dos dois lados e macios, mas ainda firmes. Assim que esfriarem, pique em cubos ou fatie os vegetais maiores em pedacinhos. Reserve.

PARA A MONTAGEM: Use as costas de uma colher ou um pincel culinário para espalhar o molho de manteiga de alho defumado pelos pães, dividindo em partes iguais. Polvilhe os pães com queijo parmesão e em seguida faça camadas com os legumes, a mussarela e a ricota, dividindo por igual. Adicione a pimenta jalapeño.

Se usar ovos, mantenha os pães em uma assadeira no forno a 100ºC enquanto os prepara. Se fizer ovos fritos, coloque-os por cima dos legumes. Se fizer ovos mexidos, coloque-os com uma colher por cima dos legumes, dividindo em partes iguais. Finalize com o manjericão e o orégano. Para um pouco mais de ardência, coloque um pouco de molho de pimenta, se desejar. Tempere com sal e pimenta-do-reino a gosto antes de servir.

BOLINHOS DE BATATA *MUY BUENOS* DA ROSITA

TEMPORADA 7, EP. 13

"Aquele em que Rosita morre"

Todo mundo sabe que Joey não divide comida e que também não gosta de dividir sua cadeira preferida, a Rosita. Quando Rachel sem querer quebra a Rosita, Chandler acha que foi ele que a quebrou e a substitui por uma cadeira idêntica. Enquanto isso, sem que Chandler saiba, Rachel também compra uma cadeira nova para Joey. Tanto Chandler quanto Rachel se surpreendem quando Rosita parece ter se recuperado milagrosamente. Joey fica com inveja da cadeira nova que Rachel comprou, com funcionalidades a mais, então quebra a cadeira "dele", esperando ficar com a cadeira nova de Rachel, mas as coisas não saem conforme o planejado. Às vezes Joey dá uma de *muy* malandro, mas essas batatinhas são tão deliciosas que talvez você quebrasse uma cadeira tentando pegá-las.

DIFICULDADE: Média
RENDIMENTO: 2 a 4 porções
TEMPO DE PREPARO: 45 minutos, mais 10 minutos para gelar os bolinhos

PARA O PICLES DE JALAPEÑO:

⅛ colher de chá de sal
½ xícara de vinagre de vinho branco
3 colheres de sopa de água
1 colher de sopa mais 1 ½ colher de chá de açúcar refinado
1 pimenta jalapeño média a grande, fatiada em rodelas de 0,1 cm (reserve 2 colheres de chá para a receita de feijão abaixo)

PARA O FEIJÃO PRETO:

1 colher de sopa de óleo vegetal de sabor neutro
3 colheres de sopa de cebola branca cortada em cubos
2 colheres de chá de pimenta jalapeño picada sem sementes
400 g de feijão preto cozido e escorrido
1 ½ colher de chá de cominho moído
½ colher de chá de pimenta chili em pó
½ colher de chá de alho em pó
½ colher de chá de cebola desidratada em flocos
⅛ colher de chá de sal
⅛ colher de chá de pimenta-do-reino moída na hora

PARA FAZER O PICLES DE JALAPEÑO: Em um recipiente de vidro com tampa, misture o sal, o vinagre, a água e o açúcar. Acrescente as pimentas jalapeño. Cubra e armazene na geladeira até a hora de usar. Os picles podem ser feitos 1 dia antes.

PARA FAZER O FEIJÃO PRETO: Em uma frigideira média, aqueça o óleo em fogo médio. Adicione as cebolas e a pimenta jalapeño e cozinhe até ficarem macias, mas não douradas. Adicione o feijão, o cominho, a pimenta chili, o alho em pó, a cebola desidratada, o sal e a pimenta-do-reino. Mexa e amasse o feijão enquanto cozinha. Deixe no fogo até a mistura de feijão engrossar e o líquido ser absorvido, por cerca de 5 minutos. Retire do fogo e deixe esfriar. O feijão pode ser feito 1 dia antes. Depois de esfriar, armazene na geladeira em um recipiente coberto.

PARA FAZER OS BOLINHOS DE BATATA: Preaqueça o forno a 200°C.

Coloque as batatas em uma panela grande e encha com água suficiente para cobri-las. Ferva em fogo alto e cozinhe por 3 minutos. Escorra as batatas e as deixe esfriar até conseguir manuseá-las. Corte as batatas em quatro pedaços e transfira para um processador de alimentos. Pulse até que as batatas fiquem miúdas, tipo um grão de arroz italiano cozido. Tome cuidado para não processar demais, ou as batatas ficarão grudentas. Pedaços maiores que sobrem depois de passar pelo processador podem ser picados com uma faca.

Transfira a mistura para uma tigela grande e misture a cebola desidratada, o alho em pó, o sal, o amido de milho, a pimenta-do-reino e a pimenta

PARA OS BOLINHOS DE BATATA:
- 2 batatas-inglesas grandes descascadas
- 1 colher de sopa de cebola desidratada em flocos ou 2 colheres de chá de cebola em pó
- ½ colher de chá de alho em pó
- ½ colher de chá de sal
- 2 colheres de chá de amido de milho
- 1 pitada de pimenta-do-reino moída na hora
- 1 pitada de pimenta-branca
- ¼ xícara de queijo cheddar forte finamente ralado
- ¼ colher de chá de pimenta jalapeño picada (opcional)
- 2 colheres de sopa de óleo vegetal de sabor neutro para untar a assadeira
- 1 xícara de mistura de queijos duros ralados para a cobertura (queijo ralado de pacotinho não derrete tão bem)
- ½ xícara de pico de gallo
- 6 a 8 fatias de picles de jalapeño
- ¼ xícara de creme azedo
- ½ xícara de folhas de coentro fresco

branca, o queijo cheddar e a pimenta jalapeño, se usá-la. Forre uma superfície de trabalho com um pedaço de plástico-filme de 40 cm. Transfira metade da mistura para o plástico-filme e modele no formato de um rolo comprido com 3 cm de diâmetro, enrolando cuidadosamente com o plástico-filme. Torça e prenda as pontas para evitar que a mistura vaze. Leve ao congelador por no mínimo 10 minutos. (Outra maneira de fazer é colocar a mistura em um saco de confeiteiro com bico de 2,5 cm de diâmetro e então fazer um rolo comprido em cima de uma tábua de corte.) Repita com a outra metade da mistura.

Unte uma assadeira com o óleo. Usando uma faca afiada ou de serra, corte o rolo em pedacinhos de 3 cm de comprimento. Use as mãos para ajudar a ajustar o formato se necessário. Coloque os bolinhos na assadeira preparada, deixando um pouco de espaço entre eles. Asse até um lado ter uma crosta dourada, cerca de 12 minutos. Use uma espátula de metal ou pinça para virar os bolinhos. Continue assando até que dourem por igual do outro lado, por mais 12 minutos.

Para bolinhos mais crocantes, retire a assadeira do forno e amasse os bolinhos com uma espátula ou copo. Leve a assadeira ao forno de novo e deixe assar por mais uns 5 minutos, até os bolinhos ficarem em tom dourado escuro. Mantenha o forno a 200°C. Coloque os bolinhos em uma travessa ou frigideira que vá ao forno. Distribua o feijão e os queijos por cima. Leve a travessa ao forno e aqueça até os queijos derreterem, cerca de 8 minutos. Retire do forno e decore com o pico de gallo, os picles de pimenta jalapeño, o creme azedo e o coentro.

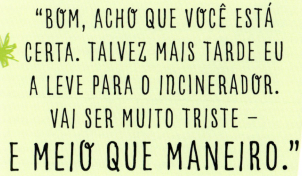

"BOM, ACHO QUE VOCÊ ESTÁ CERTA. TALVEZ MAIS TARDE EU A LEVE PARA O INCINERADOR. VAI SER MUITO TRISTE — E MEIO QUE MANEIRO."

Joey

MIMOS PARA O LANCHE | 119

CORN DOGS COM MOLHO PAPAYA DO RELATÓRIO WENUS DO CHANDLER

TEMPORADA 1, EP. 15

"Aquele com o cara chapado"

Big Al, o chefe de Chandler, quer promovê-lo a supervisor de processamento. Mas Chandler não quer o cargo porque não quer se preocupar com o relatório Wenus. Embora ninguém saiba ao certo o que é o relatório Wenus, Chandler não terá que convencê-lo a gostar desses *corn dogs* acompanhados do molho papaya de cebola típico de Nova York. Domine a arte da fritura e sua habilidade culinária vai receber nota 10 no temido relatório Wenus. Essa aqui é uma saborosa combinação de receitas de *corn dog*. Imagine um encontro do hot dog de Coney Island com a comida de rua de Nova York. E, surpreendentemente, o molho papaya não contém papaya. Esse é mais um mistério do relatório Wenus.

DIFICULDADE: Média
RENDIMENTO: 10 a 12 miniespetinhos
TEMPO DE PREPARO: 1 ½ hora

PARA O MOLHO PAPAYA DE CEBOLA:

1 ½ colher de sopa de manteiga sem sal
1 cebola branca ou amarela em fatias finas
¾ colher de chá de sal
1 pimentão amarelo médio em fatias finas
½ colher de chá de pimenta calabresa
1 dente de alho amassado
⅛ colher de chá de canela em pó
½ colher de chá de pimenta chili
⅛ colher de pimenta-branca moída, mais um pouco a gosto
2 colheres de sopa de ketchup
1 colher de chá de açúcar mascavo
1 colher de chá de vinagre de maçã, mais um pouco a gosto

PARA A MASSA DE FUBÁ:

½ xícara de fubá fino (ou pulse o fubá grosso no processador de alimentos até ficar fino)
½ xícara mais 1 colher de sopa de farinha de trigo, mais um pouco para engrossar a massa se necessário
1 colher de sopa mais 1 ½ colher de chá de açúcar refinado ou 2 colheres de sopa de mel em pó
¼ colher de chá de mostarda em pó
½ colher de chá de cebola em pó
2 colheres de sopa de fermento químico
½ colher de chá de sal
1 pitada de pimenta-caiena (opcional)
1 ovo grande batido
½ xícara de leitelho (buttermilk), mais um pouco para diluir a massa, se necessário

PARA OS PALITOS DE SALSICHA:

Óleo vegetal com ponto de fumaça alto para fritar
¼ xícara de amido de milho para polvilhar as salsichas
4 salsichas de boa qualidade, cortadas em três partes iguais, mais um pouco para testar o óleo
15 palitos de churrasco ou de sorvete, mais 1 para testar
Mostarda escura rústica comprada pronta, para servir (opcional)

DICAS: Faça o molho e a massa com antecedência. Corte as salsichas e espete-as nos palitos na noite anterior, guarde em recipiente fechado na geladeira até a hora de usar.

PARA FAZER O MOLHO PAPAYA DE CEBOLA: Misture a manteiga, a cebola, o sal e 2 colheres de sopa de água em uma panela média e refogue em fogo médio. Não deixe a cebola dourar. Quando a cebola estiver macia, adicione o pimentão amarelo, a pimenta calabresa e o alho. Cozinhe por 20 minutos, mexendo conforme necessário. Acrescente água aos poucos durante o cozimento para evitar que o molho evapore.

Continua na página 122

MIMOS PARA O LANCHE | 121

Continuação da página 121

Acrescente a canela, a pimenta chili e a pimenta-branca e cozinhe por mais 10 minutos. Adicione o ketchup, o açúcar mascavo e o vinagre. Adicione cerca de ¼ de xícara de água e cozinhe por mais 10 a 15 minutos. O líquido deve ter consistência espessa, como ketchup. Retire do fogo. Deixe amornar e transfira para um liquidificador. Bata até ficar cremoso, por cerca de 4 minutos. Prove o tempero e ajuste se necessário, adicionando sal, pimenta ou um pouco de vinagre a gosto. O molho pode ser feito até 5 dias antes e armazenado na geladeira em recipiente hermético. Aqueça o molho em uma panela ou no micro-ondas antes de servir.

PARA FAZER A MASSA DE FUBÁ: Em uma tigela média, misture o fubá, a farinha de trigo, o açúcar refinando, a mostarda em pó, a cebola em pó, o fermento, o sal e a pimenta-caiena, se usar. Em outra tigela, misture os ovos e o leitelho.

Adicione a mistura de ovos à mistura de farinha e incorpore bem. A mistura deve parecer uma massa de panqueca bem espessa. Coloque a massa em um recipiente alto e estreito ou em um copo para facilitar na hora de mergulhar as salsichas. A massa pode ser feita várias horas antes e armazenada na geladeira. Deixe a massa e a salsicha em temperatura ambiente por 15 minutos antes de fritar. A massa pode engrossar; se necessário, misture um pouco de leitelho para diluir. Se a massa parecer rala demais, adicione 1 colher de sopa de farinha de trigo.

PARA FAZER OS *CORN DOGS*: Encha uma panela funda com no mínimo 10 cm de óleo (ver notas sobre a estação de fritura na página 23). A panela deve ter espaço suficiente para o óleo subir pelo menos 4 cm durante a fritura. Aqueça o óleo em temperatura média-alta, entre 190°C e 195°C (use um termômetro culinário para verificar a temperatura).

Forre uma assadeira com duas camadas de papel-toalha e deixe-a perto do fogão. Enquanto o óleo aquece, espalhe o amido de milho em um prato raso. Para cobrir as salsichas com a massa, seque-as com papel-toalha e então role-as no amido de milho, cobrindo-as de maneira uniforme. Insira um palito de churrasco na ponta de cada salsicha, uns 2 cm para dentro. Segurando pelo palito, mergulhe a salsicha na massa até cobrir cerca de 0,5 cm do palito, mexa a salsicha dentro do recipiente, retire-a e repita mais duas vezes para garantir uma boa cobertura. Na última camada, retire a salsicha do recipiente fazendo um movimento giratório. Sacuda seu pulso delicadamente enquanto retira a salsicha, removendo um eventual excesso de massa. Coloque a salsicha empanada imediatamente no óleo e repita com as demais, fritando cada uma logo depois de empanar.

Não coloque mais de 3 *corn dogs* no óleo ao mesmo tempo. Mergulhe lentamente os *corn dogs* no óleo quente e solte. Use pinças para girá-los, para que fritem por igual. Frite por 3 a 4 minutos, usando pinças ou uma escumadeira para manter os *corn dogs* submersos no óleo. Corte o primeiro *corn dog* para verificar se está no ponto e confirmar o tempo de cozimento e a textura. A massa deve estar bem cozida e levemente dourada por fora. A temperatura interna da salsicha deve ser de no mínimo 75°C, medida no termômetro culinário. Ajuste o tempo de cozimento se necessário. Mantenha a temperatura do óleo entre 180° e 190°C. Use uma escumadeira de arame para retirar pedaços de massa queimada do óleo. Frite os *corn dogs* duas vezes. Coloque-os de volta no óleo e frite por mais 2 minutos, até ficarem bem dourados. A segunda fritura cria uma crosta crocante e uma massa fofinha bem cozida por dentro, evitando que a massa fique escura demais, o que ocorreria no método de fritura única.

Transfira os *corn dogs* fritos para a assadeira com papel-toalha, rolando-os com cuidado para retirar o excesso de óleo. A massa cozida deve ficar crocante, firme e bem dourada.

Sirva imediatamente com o molho papaya de cebola ou mostarda e um copo de suco de papaya gelado.

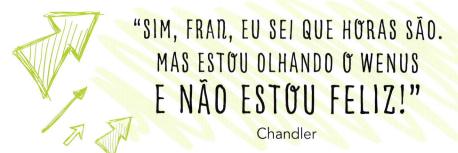

"SIM, FRAN, EU SEI QUE HORAS SÃO. MAS ESTOU OLHANDO O WENUS E NÃO ESTOU FELIZ!"
— Chandler

SANDUÍCHE DE PERU COM AIOLI CAJUN DO ROSS

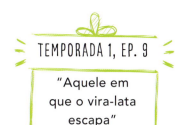

TEMPORADA 1, EP. 9

"Aquele em que o vira-lata escapa"

Quando os amigos ficam trancados do lado de fora do apartamento no Dia de Ação de Graças porque Rachel achou que Monica estivesse com as chaves e Monica achou que havia pedido a Rachel para pegar as chaves, o peru que Monica estava assando queima, e a refeição já era. Esse sanduíche de peru cajun é para lembrar a ave queimada e que amigos sempre criam e desfrutam de momentos de Ação de Graças, apesar de eventuais contratempos. Esse peru condimentado é tão gostoso que Ross poderia trocar seu tradicional sanduíche "molhador" por ele.

DIFICULDADE: Fácil
RENDIMENTO: 1 sanduíche
TEMPO DE PREPARO: 13 minutos

PARA O AIOLI CAJUN:
¼ xícara de maionese
1 colher de chá de relish de pepino
2 colheres de sopa de ketchup
2 colheres de chá de mix de especiarias cajun
1 pitada de sal
1 pitada de pimenta-branca moída
1 dente de alho amassado

PARA O SANDUÍCHE:
2 pedaços de peru assado com 0,5 cm de espessura (não é peito de peru fatiado)
¼ xícara de chucrute escorrido e 1 ½ colher de sopa do caldo
1 pitada de mix de especiarias cajun
2 fatias de pão de centeio
3 fatias de queijo suíço (cerca de 60 g)

Preaqueça o forno a 180°C.

PARA FAZER O AIOLI CAJUN: Em uma tigela média, misture a maionese, o relish de pepino, o ketchup, o mix de especiarias cajun, o sal, a pimenta-branca e o alho até ficar cremoso. O aioli pode ser feito 1 dia antes e armazenado na geladeira em um recipiente hermético.

PARA FAZER O SANDUÍCHE: Faça um pacote de papel-alumínio para as fatias de peru assado. Coloque o peru sobre o papel-alumínio e regue com o caldo do chucrute. Salpique 1 pitada de especiarias cajun e feche o pacote. Leve ao forno em recipiente resistente ao calor por 8 minutos para criar vapor.

Enquanto isso, aqueça o pão diretamente na grade do forno até ficar crocante, mas não torrado, por cerca de 5 minutos.

Unte levemente uma frigideira de ferro ou antiaderente. Retire o pão e o peru do forno. Passe uma camada fina de aioli no lado externo de cada fatia de pão. Coloque o pão na frigideira com o lado do aioli virado para baixo. Coloque uma camada de queijo sobre cada fatia de pão. Retire o peru do pacote de papel-alumínio e coloque sobre o queijo. Cubra com o chucrute. Leve a frigideira ao fogo médio e cozinhe até o pão dourar levemente. Com cuidado, coloque uma fatia sobre a outra e pressione o sanduíche com uma frigideira pesada. Cozinhe até o pão ficar dourado e crocante. Usando uma espátula, transfira o sanduíche para um prato. Abra-o com cuidado e acrescente uma camada de aioli no meio. Feche o sanduíche, corte e sirva acompanhado de mais aioli.

SANDUÍCHE "NÃO SEJA INVEJOSO!" DE PEIXE NA PIADINA DO JOEY

TEMPORADA 4, EP. 1
"Aquele com a água-viva"

Em uma viagem da turma à praia, Monica é queimada por uma água-viva. Joey lembra de ter visto na TV um jeito bem desagradável de acabar com a dor. Eles voltam para a casa da praia tão envergonhados que mal conseguem se olhar. Quando Rachel pergunta o que aconteceu, Monica, Chandler e Joey não confessam, pois fizeram um pacto de jamais falar sobre aquilo. Esse delicioso sanduíche de peixe faz lembrar da praia de um jeito muito mais invejável do que aquele compartilhado pelos amigos!

DIFICULDADE: Média
RENDIMENTO: 1 sanduíche
TEMPO DE PREPARO: 35 minutos, mais 4 horas para esfriar a massa

PARA O MOLHO DE ENDRO:
½ xícara de creme azedo
1 a 2 dentes de alho picados
2 colheres de sopa de chalota picada (cerca de 1 chalota pequena)
Suco de 1 limão-siciliano pequeno
1 colher de sopa de maionese
¼ colher de chá de mostarda Dijon
¼ colher de chá de sal
⅛ colher de chá de pimenta-branca moída
Pimenta-do-reino moída na hora
3 colheres de sopa de endro fresco finamente picado (2 a 3 raminhos)

PARA O PATÊ DE TOMATE-CEREJA ASSADO:
1 xícara de tomates-cereja (cerca de 20 tomates)
1 colher de sopa de óleo vegetal
Sal e pimenta-do-reino moída na hora

PARA O SALMÃO:
Óleo vegetal para untar
2 pedaços de 110 g de salmão com pele (de preferência selvagem)
½ colher de chá de sal
⅛ colher de chá de pimenta-branca
⅛ colher de chá de pimenta-do-reino moída na hora

PARA O SANDUÍCHE:
1 Piadina básica (página 28)
1 xícara de minirrúcula
1 limão-siciliano cortado em fatias e sem sementes
¼ colher de chá de sal
⅛ colher de chá de pimenta-do-reino moída na hora

PARA FAZER O MOLHO DE ENDRO: Em uma tigela média, misture o creme azedo, o alho, a chalota, o suco de limão, a maionese, a mostarda, o sal, a pimenta-branca e a pimenta-do-reino. Cubra e leve à geladeira por 4 horas ou de um dia para o outro. Reserve o endro fresco para acrescentar depois.

PARA FAZER O PATÊ DE TOMATE-CEREJA ASSADO:
Preaqueça o forno a 200°C.

Coloque os tomates em uma travessa ou frigideira que vá ao forno. Regue com o azeite de oliva, polvilhe o sal e a pimenta e fure cada tomate com uma faca afiada. Asse até a pele dos tomates se romper e começar a queimar, cerca de 20 minutos. Transfira os tomates para uma tigela e amasse, fazendo uma pasta com pedaços grandes. Espere esfriar, cubra e leve à geladeira até a hora de usar. O patê pode ser feito 1 dia antes.

PARA FAZER O SALMÃO: Unte uma frigideira pesada ou uma grelha de fogão com uma camada fina de óleo vegetal e leve ao fogo alto. Enquanto a frigideira esquenta, seque bem o salmão com papel-toalha. Esfregue um pouquinho de óleo no salmão e tempere de ambos os lados com sal, pimenta-branca e pimenta-do-reino.

Reduza o fogo para médio-alto. Coloque o salmão com a pele virada para baixo na frigideira e cozinhe por cerca de 4 minutos, até a carne ficar com tonalidade mais clara e firme e a pele ficar crocante. Vire o salmão e grelhe do outro lado, por 2 a 3 minutos. Transfira para um prato para esfriar.

PARA FAZER O SANDUÍCHE: Passe o patê de tomate-cereja dentro do pão. Coloque a rúcula em uma tigelinha, esprema o limão e adicione sal e pimenta. Coloque a rúcula numa metade do pão. Corte o salmão em cubinhos, reservando a pele crocante para colocar no sanduíche, se desejar. Coloque o salmão, a pele, o molho de endro e as folhas de endro. Dobre o pão ao meio e sirva imediatamente.

PIZZA ROLL DO SR. TREEGER NO RITMO DE NOVA YORK

TEMPORADA 4, EP. 4
"Aquele da dança de salão"

Quando Rachel vai até a lixeira para jogar fora uma caixa de pizza vazia, leva uma bronca do sr. Treeger por não ter desmontado a caixa antes. Rachel tenta enrolar, agindo como se não soubesse do que o sr. Treeger está falando, mas ele insiste, ela acaba chorando e indo embora com a caixa de pizza. Joey vai tirar satisfações com o sr. Treeger e, em uma reviravolta inesperada, acaba indo praticar dança de salão com ele. Às vezes você só precisa entrar no rolo.

DIFICULDADE: Média
RENDIMENTO: 7 a 8 *pizza rolls*
TEMPO DE PREPARO: 1 hora

PARA O MOLHO DE MANTEIGA DE ALHO:
4 colheres de sopa de manteiga sem sal
½ colher de chá de sal
2 dentes de alho picados

PARA O RECHEIO:
1 colher de sopa mais 1 ½ colher de chá de manteiga sem sal
1 xícara de cogumelos paris cortados em cubinhos
2 dentes de alho picados
⅛ colher de chá de pimenta calabresa
¼ colher de chá de sal
½ xícara de cebola branca cortada em cubinhos
¾ xícara de pimentão verde cortado em cubinhos
¼ xícara de pimentão vermelho, alaranjado ou amarelo cortado em cubinhos
½ xícara de pepperoni cortado em cubinhos
¼ xícara de molho de tomate pronto sem açúcar
1 colher de sopa de orégano fresco picado
¼ colher de chá de páprica defumada
¼ colher de chá de alho em pó
¼ colher de chá de pimenta-do-reino moída na hora
¼ colher de chá de pimenta-branca
115 g de mussarela fresca conservada na água cortada em cubinhos
¾ xícara de queijo parmesão finamente ralado
1 ovo grande batido
Massa de rolinho primavera comprada pronta
3 a 4 xícaras de óleo vegetal

PARA FAZER O MOLHO DE MANTEIGA DE ALHO: Em um recipiente pequeno que vá ao micro-ondas, derreta a manteiga em potência média, em ciclos de 30 segundos. Acrescente o sal e o alho e misture. Reserve.

PARA FAZER O RECHEIO: Em uma panela ou frigideira de ferro média, derreta a manteiga em fogo médio. Adicione os cogumelos e refogue até começarem a soltar líquido. Adicione o alho, a pimenta calabresa e o sal e mexa bem. Adicione a cebola e refogue por 1 minuto. Adicione os pimentões e o pepperoni. Refogue por 1 minuto, até os pimentões amolecerem levemente. Retire do fogo.

Em uma tigela média, misture o molho de tomate, o orégano, a páprica, o alho em pó, a pimenta-do-reino, a pimenta-branca e o sal.

Adicione o molho de tomate, a mussarela e o parmesão ao refogado de cogumelos. Deixe esfriar antes de rechear os rolinhos.

Para fazer os enroladinhos de pizza, prepare uma estação de trabalho com o ovo batido, o recheio de pepperoni e cogumelo, um copo medidor de ¼ de xícara e a massa de rolinho primavera. Na superfície de trabalho, coloque a massa com uma ponta para cima e outra para baixo, como um losango. Coloque ¼ de xícara de recheio a uns 3,5 cm da ponta de baixo da massa.

Continua na página 128

Continuação da página 127

Usando um pincel culinário, pincele o ovo batido nas bordas inferiores da massa. Erga a ponta de baixo do losango e passe-a por cima do recheio. Prenda essa ponta da massa bem rente ao recheio. Dobre as duas laterais da massa na direção do centro, formando um envelope; pressione o recheio no centro e remova eventuais bolhas de ar. Prossiga enrolando o losango de baixo para cima, na direção da ponta no alto, usando os dedos para guiar o enroladinho e para manter o recheio no lugar enquanto enrola. Passe um pouco de ovo batido na ponta de cima e feche o enroladinho no formato de um burrito. Repita o processo para preparar todos os enroladinhos.

Preaqueça o forno a 180°C.

Encha ⅔ de uma panela de fundo grosso com óleo e leve ao fogo médio até marcar 190°C em um termômetro culinário (ver notas sobre a estação de fritura na página 23). Forre uma assadeira com várias camadas de papel-toalha.

Usando uma escumadeira, mergulhe 1 ou 2 enroladinhos no óleo quente. Frite por cerca de 2 minutos de cada lado, virando quando começarem a dourar. Verifique a temperatura do óleo com frequência e ajuste conforme necessário para mantê-la entre 190°C e 195°C. Os enroladinhos devem ficar bem dourados e continuarão cozinhando depois de retirados do óleo. Cuidado para não cozinhar demais ou de menos. Experimente um *pizza roll* e confirme o tempo de fritura. A massa deve ficar bem dourada por fora, com todas as camadas bem cozidas (nada de massa crua), e a temperatura do recheio deve marcar 75°C no termômetro culinário. Transfira os enroladinhos prontos do óleo para a assadeira forrada para que escorram. Coloque os enroladinhos já escorridos em outra assadeira e leve ao forno para mantê-los aquecidos. Coloque a manteiga de alho em um ramequim, aqueça no micro-ondas por 30 segundos e sirva como acompanhamento. Sirva os enroladinhos inteiros ou cortados na diagonal.

"PAPAI, QUERO UMA PIZZA. PAPAI, QUERO UMA FÁBRICA DE DOCES. PAPAI, QUERO QUE O ELENCO DE *CATS* CANTE 'PARABÉNS PRA VOCÊ' NO MEU ANIVERSÁRIO..."
Sr. Treeger

WRAPS DE SALADA COBB COM CAMARÃO GRELHADO DA RACHEL PARA UMA GORJETA EM DOBRO

TEMPORADA 3, EP. 7

"Aquele com a cama de carro de corrida"

O pai da Rachel, famoso pela sovinice na hora de dar gorjeta aos garçons, deixa uma gratificação de apenas 4% pelo serviço após um jantar chique com lagosta. Sentindo-se culpado, Ross deixa uma gorjeta extra de US$ 20, o que o sr. Green considera ofensivo. Se o sr. Green tivesse pedido esses wraps de salada Cobb de camarão em vez de lagosta, teria mais dinheiro para a gorjeta e teria evitado o confronto com Ross.

DIFICULDADE: Média
RENDIMENTO: 2 porções
TEMPO DE PREARO: 40 minutos

PARA O MOLHO VERDE:
1 colher de chá de alcaparras ou ⅛ colher de chá de anchovas
2 colheres de sopa de cebolinha fresca picada
1 cebola verde picada
¼ xícara rasa de salsinha picada
2 colheres de sopa de estragão fresco picado
¼ xícara de maionese
¼ xícara de creme azedo
1 ½ colher de sopa de suco de limão-siciliano
⅛ colher de chá de sal
Pimenta-branca moída
Pimenta-do-reino moída na hora

PARA O CAMARÃO GRELHADO:
2 dentes de alho picados
1 colher de sopa de cebolinha fresca picada
1 colher de sopa de salsinha fresca picada
2 colheres de sopa de óleo vegetal, mais um pouco para a grelha
½ colher de chá de sal
1 pitada de pimenta-branca moída
1 pitada de pimenta-do-reino moída na hora
18 a 20 camarões médios descongelados e limpos
1 limão-siciliano em fatias

4 Piadinas básicas (página 28) ou tortillas (opcional)
8 folhas de alface romana, americana, crespa ou manteiga, firmes, lavadas e secas
2 fatias grossas de bacon cozido e picado
1 ovo cozido em fatias finas
1 avocado pequeno cortado em cubos
¼ de xícara de queijo roquefort esfarelado
2 colheres de sopa de cebolinha
12 tomates-cereja cortados em quatro partes iguais

DICA: Para ovos cozidos perfeitos, coloque água em uma panela grande. Mergulhe uma cesta de cozimento a vapor e ferva a água. Adicione os ovos e cozinhe por 12 a 15 minutos. Retire os ovos e mergulhe-os na água gelada. Role os ovos para frente e para trás imediatamente para retirar a casca.

Continua na página 131

MIMOS PARA O LANCHE | 129

Continuação da página 129

PARA FAZER O MOLHO VERDE: Bata as alcaparras, a cebolinha, a salsinha, o estragão, a maionese, o creme azedo, o suco de limão e o sal em um processador de alimentos. Tempere com a pimenta-branca e a pimenta-do-reino e pulse até ficar cremoso. Esse molho fica melhor no dia em que é feito, mas pode ser guardado na geladeira por 2 dias em recipiente hermético. Mexa antes de usar.

PARA FAZER O CAMARÃO GRELHADO: Em uma tigela média, misture o alho, a cebolinha, a salsinha, o óleo, o sal, a pimenta-branca e a pimenta-do-reino. Coloque os camarões. Deixe marinar por 10 minutos na geladeira. Prepare a grelha com um pouco de óleo para evitar que os camarões grudem e leve ao fogo médio-alto. Coloque os camarões e grelhe por cerca de 3 minutos de cada lado, até ficarem opacos por dentro e bem passados. Transfira para uma travessa. Esprema o limão sobre os camarões e ajuste o tempero se necessário. Corte os camarões em cubos de 0,5 cm e coloque em uma tigela. Deixe esfriar.

Para servir, aqueça ou grelhe as piadinas, se usá-las, em fogo médio-alto por cerca de 2 minutos de cada lado. Divida a alface por igual entre duas tigelas. Divida o bacon, o ovo, o avocado, o queijo, a cebola, o tomate e o camarão grelhado em porções iguais entre as duas tigelas. Regue com o molho. Use as piadinas ou tortilla como base para os wraps de alface ou dobre as folhas de alface. Você também pode apenas servir com a alface como na foto ao lado ou guardar os ingredientes separadamente e levar como uma marmita para o almoço.

"ESPERA AÍ, VOCÊ ACHA QUE EU SOU PÃO-DURO?"
Sr. Green

MIMOS PARA O LANCHE

DONUTS COM FLOCOS AÇUCARADOS E COBERTURA DE LEITE DE CEREAIS DO GUNTHER

TEMPORADA 10, EPS. 17–18

O último episódio: partes 1 e 2

Todo mundo sabe que o Gunther é apaixonadíssimo por Rachel, mas aquele cabelo oxigenado à la Billy Idol em "White Wedding" não ajuda. Ele não apenas morre de ciúmes, como também parece não conseguir saber direito quem é quem na turma de amigos. Ele é esquisitão, sim, mas também dá um gelo em qualquer um que pareça gostar da Rachel. Achamos que esses donuts, inspirados no amor sem fim do Gunther pela Rachel, proporciona o equilíbrio perfeito entre os dois.

DIFICULDADE: Difícil
RENDIMENTO: 18 a 24 minidonuts
TEMPO DE PREPARO: 1 hora, mas 1 hora e 40 minutos para a massa crescer

GLACÊ E COBERTURA DE LEITE DE CEREAIS:

3 colheres de sopa de Leite de cereais e biscoitos feito com cereal de milho açucarado (página 32)
2 xícaras de açúcar de confeiteiro, mais um pouco se necessário
1 ½ xícara de cereal de milho açucarado

PARA OS DONUTS:

2 colheres de sopa de água morna (45°C a 50°C)
¾ xícara mais 2 colheres de sopa de leite morno (45°C a 50°C)
2 ¼ colheres de chá de fermento biológico seco
2 colheres de sopa de açúcar refinado
3 xícaras de farinha de trigo, mais um pouco se necessário
1 ovo grande, mais 1 gema
¼ colher de chá de noz-moscada ralada na hora
1 colher de chá de extrato de baunilha
1 colher de sopa de leite em pó
1 ½ colher de chá de fermento químico
¼ xícara mais 2 colheres de sopa de gordura vegetal sabor manteiga em temperatura ambiente
1 colher de chá de sal
4 a 6 xícaras de óleo vegetal com ponto de fumaça elevado (ver notas sobre estação de fritura, página 23)

PARA FAZER O GLACÊ E A COBERTURA: Em uma tigela média, misture o leite de cereais com o açúcar de confeiteiro. No começo, vai parecer muito pastoso, depois vai engrossar e ficar branco, com aspecto de cola. O glacê deve ser espesso, mas cremoso o suficiente para envolver os donuts. Acerte a consistência conforme necessário, adicionando mais leite de cereais, e faça um teste com um donut antes de cobrir todos eles.

Coloque 1 xícara de cereal em um saco plástico grande com fecho. Passe o rolo de massa para triturar os cereais. Reserve ½ xícara de cereais inteiros para decorar.

PARA FAZER OS DONUTS: Em uma tigela pequena, coloque a água e polvilhe o fermento biológico. Misture o açúcar e deixe descansar por 5 minutos, até formar uma espuma na superfície. Se o fermento não espumar, pode ser que esteja inativo. Espere mais 5 minutos. Se não observar nenhuma reação, recomece com um fermento fresco.

Transfira a mistura de fermento para a tigela da batedeira equipada com o gancho de massa ou para uma tigela média se for sovar à mão. Adicione a farinha de trigo, o ovo, a gema, a noz-moscada, a baunilha, o leite em pó e o fermento químico e sove por 5 minutos em velocidade média-baixa. Acrescente a gordura vegetal aos poucos enquanto sova. Adicione o sal. Continue sovando por 10 minutos em velocidade média. Se necessário, desligue a batedeira e raspe as paredes da tigela. Se a massa estiver grudando no fundo e nas laterais da tigela, aumente a velocidade e acrescente 1 colher de sopa de farinha de trigo. Continue sovando por mais 10 minutos. Na etapa final da sova, a massa deve se soltar das laterais da tigela e ficar agarrada no gancho.

Continua na página 136

DOCES PARA QUEM NÃO ESTÁ DANDO UM TEMPO | 135

Continuação da página 135

Transfira a massa para uma superfície de trabalho limpa e modele no formato de uma bola lisa, empurrando as laterais da massa para baixo e arrastando-a para frente e para trás com as mãos. Transfira a massa para uma tigela grande levemente untada, com espaço suficiente para a massa dobrar de tamanho. Cubra com plástico-filme e use uma fita ou marcador para marcar o tamanho da massa sobre o plástico-filme. Deixe a massa crescer em local sem correntes de ar por 30 a 40 minutos. Vire a massa em uma superfície de trabalho levemente enfarinhada, bata e sove, formando um retângulo irregular. Forre uma assadeira com papel-manteiga ou tapete de silicone. Abra a massa até deixá-la com 0,5 cm de espessura ou um pouco menos, considerando a retração.

Para cortar a massa, use um cortador de donuts de 8 cm de diâmetro (com um cortador fixo para o buraco central). Coloque cada donut cortado na assadeira forrada. Junte todas as sobras de massa e abra novamente até cortar todos os donuts. (Se a massa estiver difícil de cortar, coloque em uma assadeira e leve à geladeira por 10 minutos.) Cubra os donuts cortados com um pano de prato que não solte fiapos ou com plástico-filme e os deixe crescer em temperatura ambiente por 45 minutos a 1 hora.

Para ver se a massa está pronta, pressione com o dedo. Se afundar um pouquinho, sem voltar imediatamente, está pronta.

Prepare 2 assadeiras com várias camadas de papel-toalha. Deixe-as perto da área de fritura. Encha ⅔ de uma panela grande com óleo. Deve haver óleo suficiente para mergulhar os donuts. Leve ao fogo médio até a temperatura do óleo marcar 190°C em um termômetro culinário. Use uma escumadeira para mergulhar os donuts com cuidado no óleo. Frite até ficarem bem dourados e bem cozidos por dentro, cerca de 30 segundos de cada lado. Use a escumadeira para virar os donuts. Frite do outro lado. Retire os donuts prontos e coloque-os sobre papel-toalha para absorver o óleo. Transfira os donuts para uma grade para que esfriem. Repita o processo com todos os outros donuts.

Para aplicar a cobertura, coloque o glacê de leite de cereais em uma tigela rasa e grande o suficiente para mergulhar o donut. Mergulhe um dos lados de um donut morno (não quente) no glacê, gire no sentido horário e erga o donut para que o excesso de glacê escorra de volta para a tigela. Coloque os donuts com cobertura sobre uma grade forrada com papel-manteiga e uma assadeira por baixo. Polvilhe imediatamente com os cereais açucarados triturados e inteiros. Esses donuts são mais gostosos no dia do preparo.

NOTA: Para substituir a gordura vegetal por manteiga, use 6 ½ colheres de sopa ou 100 g de manteiga com alto teor de gordura (82% ou mais).

"RACHEL, EU SEI QUE VOCÊ VAI EMBORA HOJE À NOITE, MAS PRECISO DIZER. **EU TE AMO.**"
Gunther

CROCANTE DE MANTEIGA "BRONZEADA" E MARSHMALLOW TOSTADO DO ROSS

TEMPORADA 10, EP. 3
"Aquele com o bronzeado do Ross"

Em uma tentativa de ficar bronzeado, Ross vai a um salão de bronzeamento artificial pela primeira vez. A situação torna-se hilária quando nem o doutorado ajuda Ross a entender o funcionamento da cabine de bronzeamento. Ele acaba supertostado e escuro de um lado e branco feito um fantasma do outro. Essas guloseimas com os queridos marshmallows da infância têm sabor amendoado da manteiga dourada e cobertura de marshmallow tostado. É uma versão comestível do fiasco do Ross na cabine de bronzeamento.

DIFICULDADE: Fácil
RENDIMENTO: 1 porção
TEMPO DE PREPARO: 20 minutos

- 2 colheres de sopa de manteiga, mais um pouco para untar a frigideira
- ½ xícara de minimarshmallows, mais ½ xícara
- ½ colher de chá de sal
- 1 colher de chá de extrato de amêndoas
- ⅛ colher de chá de canela em pó
- 1 xícara de flocos de arroz

Unte com manteiga uma travessa de vidro de 7 x 15 cm que possa ir ao forno.

Em uma panela média, doure a manteiga em fogo médio, mexendo até se formar uma espuma e os sólidos do leite começarem a caramelizar, em cerca de 6 minutos. Cuidado para não queimar a manteiga. Retire do fogo. Adicione ½ xícara de marshmallows e misture. Leve de volta ao fogão e cozinhe em fogo médio, mexendo até o marshmallow derreter. Adicione o sal, o extrato de amêndoas e a canela. Misture bem. Acrescente os flocos de arroz. Retire do fogo.

Despeje a mistura na travessa untada e alise a superfície, pressionando-a com uma espátula. Reserve.

Desenforme o bloco de flocos de arroz. Coloque uma assadeira sobre o fogão ou uma superfície resistente ao calor e transfira o bloco para ela. Cubra o bloco de flocos de arroz com a ½ xícara de minimarshmallows restante, espalhando uniformemente. Use um maçarico de cozinha para tostar os marshmallows até ficarem bem dourados (ou use fósforos extralongos).

Sirva imediatamente ou coloque em um recipiente plástico coberto para levar para viagem.

DOCES PARA QUEM NÃO ESTÁ DANDO UM TEMPO

QUADRADINHOS DE CHEESECAKE NOVA-IORQUINOS DO CHANDLER

TEMPORADA 1, EP. 7
"Aquele com o blecaute"

Esses sofisticados quadradinhos gelados de cheesecake são uma homenagem às cantadas bregas que o Chandler aplica ao longo de toda da série. Como sempre acontece, Chandler parece congelar quando não consegue encontrar as palavras certas para impressionar a modelo de lingeries Jill Goodacre durante o blecaute. Ou aquela vez em que ele não conseguiu achar palavras que impedissem Joanna de deixá-lo em uma situação comprometedora no escritório. E tem as ocasiões em que seria melhor que ele não tivesse pensado em nada para dizer mesmo.

DIFICULDADE: Média
RENDIMENTO: 8 barrinhas
TEMPO DE PREPARO: 2 ½ horas, mais 1 hora para congelar

PARA A BASE DE CHEESECAKE:
Manteiga sem sal, para untar o ramequim
115 g de cream cheese em temperatura ambiente
¼ xícara de creme azedo
3 colheres de sopa mais 1 ½ colher de chá de açúcar de confeiteiro
⅛ colher de chá de sal
1 ovo grande
⅛ colher de chá de extrato de baunilha
1 colher de chá de suco de limão-siciliano
Raspas de 1 limão-siciliano médio
3 colheres de sopa de farinha de trigo

PARA O SORVETE:
115 g de cream cheese em temperatura ambiente, mas não morno
1 xícara de creme azedo, dividida
350 g de leite evaporado (ver nota do editor na página 53)
1 ½ xícara de creme de leite fresco
1 ¼ xícara de açúcar refinado
3 colheres de sopa de suco de limão-siciliano

8 biscoitos de maisena ou de aveia e mel, e mais caso se quebrem

Preaqueça o forno a 200°C.

PARA FAZER A BASE DE CHEESECAKE: Forre um ramequim de 200 ml com um pedaço de papel-manteiga untado com manteiga. Com cuidado, pressione o papel no fundo do recipiente e faça pregas nas laterais para ajustar bem. Dobre as sobras de papel para baixo, pelo lado de fora do ramequim.

Na tigela da batedeira, usando o batedor de pá, ou numa tigela média, usando um mixer portátil, bata o cream cheese até ficar cremoso. Bata em velocidade média-alta até ficar liso, cremoso e sem grumos, por cerca de 8 minutos. Adicione o creme azedo aos poucos e bata até incorporar.

Continue batendo e adicione o açúcar de confeiteiro e o sal. Troque para o batedor globo. Acrescente o ovo. Adicione a baunilha, o suco e as raspas de limão e continue a bater até homogeneizar. Acrescente 2 colheres de sopa de farinha. Desligue a batedeira e raspe o fundo e as laterais da tigela. Retire a tigela da batedeira. Acrescente mais 1 colher de sopa de farinha e mexa só até misturar.

Continua na página 140

DOCES PARA QUEM NÃO ESTÁ DANDO UM TEMPO | 139

Continuação da página 139

Despeje a massa no ramequim preparado. Corte o excesso de papel-manteiga, mas deixe no mínimo 5 cm acima da borda. Coloque o ramequim em uma assadeira e asse por 35 a 45 minutos, até a massa adquirir um aspecto de suflê levemente balouçante com uma crosta castanha-escura. O cheesecake vai murchar quando começar a esfriar. Espere 10 minutos, retire do ramequim e deixe descansar no papel sobre uma grade até esfriar o suficiente para ser manuseado. Fatie o cheesecake em cubos de 0,5 cm. Leve à geladeira dentro de um saco plástico ou recipiente coberto. Os cubos podem ser preparados 2 dias antes e armazenados na geladeira dentro de um recipiente hermético.

PARA FAZER O SORVETE: Na tigela da batedeira, usando o batedor de pá, ou numa tigela média, usando um mixer portátil, bata o cream cheese até desmanchar todos os grumos. Coloque o creme azedo aos poucos, em 3 adições, batendo para incorporar.

Em um recipiente, misture o leite evaporado, o creme de leite e o açúcar refinado até dissolver o açúcar. Adicione essa mistura lentamente à mistura de cream cheese. Mexa bem para homogeneizar. Raspe as laterais e o fundo da tigela com uma espátula. Misture o suco de limão. Transfira para uma sorveteira e siga as instruções do fabricante para fazer o sorvete.

Quando o sorvete estiver espesso e quase pronto, adicione os cubos de cheesecake. Misture bem. Transfira o pote do sorvete para o freezer por 30 minutos ou até endurecer, se for usar no mesmo dia. Ou acomode em um recipiente, apertando bem, com papel-manteiga por cima. Cubra e congele por até 5 dias.

Prepare uma assadeira com papel-manteiga. Cada quadradinho de cheesecake terá um biscoito embaixo e outro em cima. Coloque o biscoito da base na assadeira. Com uma colher de sorvete, coloque 2 bolas de sorvete sobre 1 biscoito. Coloque um biscoito por cima e pressione com cuidado para nivelar o sorvete em 4 cm de altura. Ou então use um pedaço de papel encerado ou de plástico-filme para nivelar o sorvete e depois cubra com o biscoito. Use uma espátula de confeiteiro ou papel encerado para pressionar e alisar as laterais. Retire quaisquer excessos de sorvete com um papel-toalha. Repita com todos os biscoitos. Faça todos os quadradinhos e leve ao freezer em um recipiente sem tampa ou na assadeira por uma hora antes de servir. Depois de congelados, os quadradinhos podem ser cortados em quatro minipedaços com uma faca afiada. Os quadradinhos são mais saborosos no dia em que são feitos, mas podem ser embalados individualmente em papel-manteiga e armazenados no freezer, em recipiente coberto, por até 7 dias. Use fita adesiva para prender o papel em volta do sorvete.

> "CHICLETE SERIA A PERFEIÇÃO."
> — Chandler

BOLINHOS FINANCIER MATADORES DO PETE

TEMPORADA 3, EP. 24

"Aquele com o campeão de vale-tudo"

Pete, o namorado milionário da Monica, se torna lutador de vale-tudo, ou pelo menos é esse o plano. A coisa não é tão fácil quanto ele imagina, e Pete quase morre na primeira luta. Embora contrate um matador de aluguel, ou "pintor de paredes", para ajudá-lo, Pete acaba roxo como um mirtilo. Ainda que se tornar lutador de vale-tudo talvez não seja tão fácil, esses bolinhos de amêndoa, manteiga noisette, framboesa e mirtilo valem ouro! Como qualquer coisa nova, de início podem ser meio complicados, mas vale a pena praticar e se aperfeiçoar na receita, pois esses financiers são a cara – e o sabor – da riqueza.

DIFICULDADE: Média
RENDIMENTO: 10 a 12 bolinhos
TEMPO DE PREPARO: 25 minutos

- ½ xícara mais 2 colheres de sopa de manteiga sem sal, mais um pouco para untar as forminhas
- ¾ xícara de farinha de amêndoas (amêndoas sem casca processadas finamente também funcionam)
- ¾ xícara de açúcar refinado
- ¼ xícara mais 2 ½ colheres de sopa de farinha de trigo
- ¾ colher de chá de sal
- 3 claras de ovos grandes
- 2 colheres de sopa de açúcar de confeiteiro
- 1 colher de chá de extrato ou pasta de baunilha
- 10 a 12 framboesas ou uma mistura de mirtilos e framboesas

CURIOSIDADE: Dizem que o nome "financier", "banqueiro" em francês, é porque o molde retangular tradicional usado para assar os bolinhos se parece com uma barra de ouro. Eles também podem ser assados em fôrma de cupcake.

Preaqueça o forno a 210°C. Unte a fôrma do financier com manteiga ou spray culinário, coloque em uma assadeira e reserve.

Em uma panela média, doure a manteiga em fogo médio, mexendo até se formar uma espuma e os sólidos do leite começarem a caramelizar, em cerca de 6 minutos. Cuidado para não queimar a manteiga, pois os sólidos vão do marrom ao preto muito rapidamente. Coe imediatamente os sólidos da manteiga. Mantenha a manteiga noisette aquecida em um recipiente térmico grande ou reaqueça no micro-ondas antes de adicionar aos ingredientes secos. Em uma tigela média, misture a farinha de amêndoas, o açúcar refinado, a farinha de trigo e o sal. Faça um buraco no meio da farinha. Reserve.

Na tigela da batedeira, com o batedor globo, ou numa tigela média, com um mixer portátil, bata as claras até espumarem, por cerca de 1 minuto. Acrescente o açúcar de confeiteiro e bata por cerca de 1 minuto. Despeje as claras no buraco da mistura de farinha e mexa devagar, manualmente, até os ingredientes estarem bem incorporados. Continue mexendo por mais 1 minuto.

Despeje a manteiga noisette sobre a massa em um fluxo lento e contínuo. Vá parando e misturando, se necessário, para incorporar a manteiga de maneira uniforme. Junte a baunilha. Continue a bater e raspe as laterais da tigela até que os ingredientes estejam bem misturados.

Transfira a massa para um saco de confeitar grande. Torça a abertura para evitar que a massa vaze por cima. Tire uma porção pequena na ponta do saco e esguiche a massa na fôrma untada. Encha ¾ de cada molde, deixando um espaço de no mínimo 0,3 cm na parte de cima. Coloque uma framboesa no centro de cada molde. Pressione a framboesa para dentro da massa, deixando apenas uma pontinha à mostra.

Baixe a temperatura do forno para 180°C e asse até a borda dos bolinhos estar dourada e a massa, bem assada, de 20 a 25 minutos. Ao enfiar um palito de dente na massa, ele deve sair limpo. Gire a fôrma uma vez durante o cozimento para assar por igual. Transfira a fôrma para uma grade para esfriar um pouco, a seguir desenforme os bolinhos com a ajuda de uma espátula. Eles são extradeliciosos consumidos quentinhos no dia em que são assados. Podem ser armazenados na geladeira em um recipiente coberto por 2 dias.

BISCOITOS DE MANTEIGA DE AMENDOIM E GELEIA EM FORMATO DE COLHER DO JOEY

TEMPORADA 3, EP. 3

"Aquele com a geleia"

Joey adora manteiga de amendoim com geleia e irradia uma natureza brincalhona e infantil. Lembra quando ele quis colocar "dedinhos de manteiga de amendoim" no menu do casamento da Monica? E quando, sem pensar, foi com tudo provar a geleia fervendo que Monica tinha acabado de fazer, antes mesmo de esfriar? Bem, essa invenção de biscoitos de manteiga de amendoim e geleia em formato de colher pode acabar fazendo mais sucesso do que o Milk Master 2000. Joey agora pode ficar com os dedos longe do vidro de manteiga de amendoim, evitar queimar a língua e ao mesmo tempo combinar duas das suas comidas preferidas.

DIFICULDADE: Média
RENDIMENTO: Cerca de 20 biscoitos
TEMPO DE PREPARO: 1 hora, mais 1 hora para gelar o creme e a massa

PARA OS BISCOITOS:

¼ xícara de manteiga sem sal em temperatura ambiente
½ xícara bem cheia de açúcar mascavo
⅓ xícara de açúcar de confeiteiro
¾ xícara de manteiga de amendoim cremosa e sem sal
1 ovo grande
1 colher de chá de extrato de baunilha
1 colher de chá de melado
1 ½ xícara de farinha de trigo, mais um pouco para polvilhar
1 ½ colher de chá de fermento em pó
½ colher de chá de sal

PARA O CREME DE MANTEIGA DE AMENDOIM:

¼ xícara de manteiga sem sal em temperatura ambiente
¼ xícara mais 2 colheres de sopa de manteiga de amendoim cremosa e sem sal
¼ xícara mais 1 colher de sopa de açúcar de confeiteiro
1 colher de sopa de creme de leite fresco, mais um pouco se necessário

Geleia de morango ou outro sabor para a cobertura

Preaqueça o forno a 180°C.

PARA FAZER OS BISCOITOS: Na tigela da batedeira, usando o batedor em formato de pá, ou em uma tigela média, usando um mixer portátil, bata a manteiga por alguns minutos, até ficar clara e cremosa. Troque para o batedor globo. Adicione o açúcar mascavo e o açúcar de confeiteiro e bata até homogeneizar. A massa ficará com um aspecto seco e farinhento no começo e depois se aglutinará. Adicione a manteiga de amendoim e mexa até homogeneizar. Acrescente o ovo, a baunilha e o melado e bata mais um pouco.

Em outra tigela, misture a farinha, o fermento e o sal com um garfo. Adicione a mistura de farinha à massa e mexa até homogeneizar.

Vire a massa em cima de um pedaço de papel-manteiga. Pressione a massa, formando um quadrado de 15 x 15 cm. Embrulhe em plástico-filme e leve à geladeira por no mínimo 30 minutos. Deixe a massa descansar em temperatura ambiente pelo menos 10 minutos antes de abri-la. A massa deve estar flexível e não quebrar ao ser aberta com o rolo.

Forre uma assadeira com papel-manteiga e reserve. Polvilhe outra folha separada de papel-manteiga com farinha de trigo. Coloque a massa e polvilhe com um pouco de farinha. Coloque outra folha de papel-manteiga por cima da massa. Usando um rolo, abra a massa até atingir 0,3 cm de espessura. Corte os biscoitos usando um cortador de biscoito de 12 cm no formato de colher. Transfira os biscoitos com cuidado para uma assadeira forrada. Junte as sobras de massa, abra novamente e corte mais biscoitos. Se as colheres não estiverem mantendo o formato, coloque a assadeira no freezer por 5 minutos para firmar a massa. Se a massa de alguma das colheres estiver rachada, abra-a novamente até ficar lisa.

Continua na página 144

Continuação da página 143

A massa conserva melhor a forma se estiver gelada antes de assar. Coloque a assadeira com os biscoitos cortados no freezer por 5 a 10 minutos para esfriá-los antes de assar.

Asse os biscoitos até ficarem sequinhos, com as bordas levemente douradas, por cerca de 10 minutos. Deixe esfriarem por 10 minutos e em seguida transfira para uma grade para que esfriem completamente.

PARA FAZER O CREME DE MANTEIGA DE AMENDOIM: Na tigela da batedeira, usando o batedor em formato de pá, ou em uma tigela média, usando um mixer portátil, bata a manteiga por alguns minutos, até ficar clara e cremosa. Adicione a manteiga de amendoim e bata para homogeneizar. Troque para o batedor globo. Adicione o açúcar de confeiteiro e o creme de leite fresco e continue batendo até ficar cremoso e claro. Use o creme de manteiga de amendoim imediatamente ou, se estiver mole demais para o saco de confeitar, transfira para um recipiente coberto e deixe na geladeira por 30 minutos a 1 hora. O creme pode ser feito 3 dias antes. Deixe o creme em temperatura ambiente e bata ou mexa vigorosamente até ficar bem cremoso antes de usar.

Coloque os biscoitos em uma assadeira. Coloque o creme de manteiga de amendoim em um saco de confeitar com bico em formato de estrela ou em um saco plástico com fecho e faça um corte de 0,3 cm em um dos cantos. Encha outro saco de confeitar (ou saco plástico com fecho) com geleia. Antes de servir, coloque uma pequena quantidade de geleia na parte redonda da colher e em seguida uma pequena quantidade de creme de manteiga de amendoim por cima. Coloque os biscoitos decorados em uma bandeja e sirva. Outra opção é servir os biscoitos com o creme de manteiga de amendoim e a geleia ao lado, com uma faquinha de manteiga. Ou coloque uma "colher de manteiga de amendoim e geleia" em um pote de sorvete de baunilha. Delícia!

> **NOTA:** Dobre a receita do recheio se usá-lo como um creme para mergulhar os biscoitos.

"GELEIA, EU AMO GELEIA."
Joey

BOLO DE CANECA COM CAFÉ ESPRESSO E CHOCOLATE DA PHOEBE

TEMPORADA 9, EP. 15

"Aquele com o assalto"

Ross revela a experiência traumática que viveu quando sua mochila com a arte original da sua revista em quadrinhos *Acampamento espacial* foi roubada. Phoebe logo percebe que, na verdade, foi ela a criança assustadora que o assaltou. Esse bolinho rápido e fácil de chocolate e café é como um abraço em uma caneca – evocando algumas deliciosas lembranças da infância, desde que não sejam sobre ter seu livro de arte do acampamento espacial roubado pela moleca de rua Phoebe.

Personalize a sua caneca: faça uma caneca no estilo Joey colocando dois "dedinhos de manteiga de amendoim". Coloque sal defumado por cima para o estilo Chandler; para Rachel, sorvete de caramelo ou flocos; para Monica, especiarias de inverno e creme batido; para Ross, biscoitos recheados de chocolate triturados.

DIFICULDADE: Fácil
RENDIMENTO: 1 bolinho de caneca (240 a 350 ml)
TEMPO DE PREPARO: 10 minutos

4 colheres de sopa de farinha de trigo
1 colher de sopa de cacau em pó
1 colher de chá de café instantâneo
2 ½ colheres de sopa de açúcar mascavo
¼ colher de chá de fermento químico
1 pitada de sal
¼ xícara de leite
1 colher de sopa de óleo vegetal ou óleo de coco suave
⅛ colher de chá de extrato de baunilha
1 colher de sopa de gotas de chocolate amargo
1 colher de sopa de manteiga de amendoim crocante
Sorvete de creme ou Creme batido (página 35) para servir

Em uma caneca de 240 a 350 ml que possa ir ao micro-ondas, misture a farinha, o cacau, o café instantâneo, o açúcar mascavo, o fermento químico e o sal. Adicione o leite, o óleo e a baunilha e mexa até a mistura ficar lisa e homogênea. Adicione as gotas de chocolate e a manteiga de amendoim no centro da massa. Asse no micro-ondas em potência alta por cerca de 1 minuto a 1 minuto e 12 segundos. Deixe esfriar um pouco e coloque uma generosa bola de sorvete ou uma colherada de creme batido, ou ambas. Os ingredientes secos podem ser medidos e guardados em um recipiente para fazer no escritório (caso tenha micro-ondas). Basta adicionar 1 colher de sopa de óleo de coco e ¼ de xícara de leite longa vida.

DOCES PARA QUEM NÃO ESTÁ DANDO UM TEMPO | 145

BISCOITO AMANTEIGADO DE CHÁ EARL GREY DA EMILY

TEMPORADA 4, EP. 19

"Aquele da pressa"

Ross decide encurtar o noivado com Emily e se casar antes do planejado, mas não demora muito para Emily dar uma dura nele. Talvez um noivado tão curto tenha sido meio precipitado. Esses petiscos elegantes, aromatizados com chá Earl Grey, são deliciosos e sem dúvida um incentivo muito melhor do que ser mantido em rédea curta. Quem dera Emily soubesse que Ross tinha um fraco por doces.

DIFICULDADE: Fácil
RENDIMENTO: 20 biscoitos de 7 cm
TEMPO DE PREPARO: 1 hora e 15 minutos

PARA O GLACÊ:
- 3 saquinhos de chá Earl Grey (cerca de 3 colheres de chá)
- ¼ xícara de açúcar de confeiteiro, mais um pouco se necessário
- 1 ½ colher de chá de infusão de Earl Grey

PARA OS BISCOITOS:
- ¼ xícara de açúcar de confeiteiro
- 1 ½ colher de sopa de açúcar mascavo
- ¼ colher de chá de sal
- 1 ½ xícara de farinha de trigo
- 10 colheres de sopa de manteiga sem sal em temperatura ambiente
- ½ colher de chá de raspas de laranja
- 1 colher de chá de extrato de baunilha

PARA FAZER O GLACÊ: Em uma caneca pequena, aqueça ¼ de xícara de água no micro-ondas. Coloque os saquinhos de chá e deixe em infusão, cobertos, por 20 minutos. Retire os saquinhos e reserve 1 colher de chá do líquido. Peneire o açúcar de confeiteiro em uma tigela pequena e misture com o chá preparado. Adicione mais açúcar se necessário. O glacê será ralo, mas deve ser espesso o suficiente para aderir nos biscoitos assados. Reserve.

PARA FAZER OS BISCOITOS: Coloque o açúcar de confeiteiro, o açúcar mascavo, o sal e a farinha de trigo em um processador de alimentos e pulse para misturar e desfazer todos os grumos. Adicione a manteiga aos poucos, com o processador em funcionamento. Acrescente as raspas de laranja, a baunilha e 1 colher de chá da infusão de Earl Grey. Pulse até ficar bem homogêneo.

Preaqueça o forno a 180ºC. Forre uma assadeira com papel-manteiga ou tapete de silicone.

Transfira a massa para uma folha de papel-manteiga. Modele em forma de retângulo e abra até ficar com 0,3 cm de espessura. Dobre a massa 1 ou 2 vezes e abra, formando um retângulo de 0,6 cm de espessura. Usando um cortador de biscoitos de 8 cm em formato de osso, corte 20 biscoitos. Junte as sobras de massa, abra novamente e corte mais biscoitos. Transfira os biscoitos para a assadeira forrada. Use um palito para fazer uma fileira de buraquinhos de 0,1 cm de diâmetro no centro dos ossinhos. Não atravesse os biscoitos com o palito. Asse até as bordas ficarem levemente douradas e os biscoitos ficarem firmes, de 40 a 50 minutos. Deixe esfriar e cubra com o glacê.

BOLO DE CAMADAS NO PALITO DO CASAMENTO DO ROSS

TEMPORADA 4, EP. 24
"Aquele do casamento do Ross, Parte 2"

Esses deliciosos bolinhos de coco no palito têm três camadas, uma para cada esposa do Ross – Carol, Emily e Rachel. As camadas, do tamanho certo de uma mordida, são cobertas de chocolate branco e decoradas como minibolos de casamento. Preparar esses bolinhos requer comprometimento, é um trabalho de amor, digamos. Mas incluímos alguns atalhos e usamos uma mistura pronta para bolo com sabores adicionais para acelerar a sua jornada até o altar.

DIFICULDADE: Difícil
RENDIMENTO: 15 bolos no palito
TEMPO DE PREPARO: 6 a 8 horas, mais 4 horas para esfriar

PARA O RECHEIO:
½ xícara de manteiga sem sal em temperatura ambiente
1 xícara de açúcar de confeiteiro peneirado
2 colheres de chá de extrato de coco
1 colher de chá de extrato de baunilha
2 colheres de sopa de leite de coco light, mais 1 colher de chá se necessário

PARA O BOLO:
1 embalagem de mistura para bolo de baunilha
1 colher de chá de extrato de coco
½ colher de chá de extrato de baunilha

PARA A COBERTURA DE CHOCOLATE:
900 g de chocolate branco em gotas ou em barra picado, divididos
2 colheres de sopa de óleo de coco ou óleo vegetal, o suficiente para diluir o chocolate

PARA A DECORAÇÃO (OPCIONAL):
170 g de confeitos de açúcar brancos
150 g de açúcar perolado
150 g de confeitos de açúcar dourados ou prateados
15 miniflores de pasta americana compradas prontas

15 palitos de madeira de 12 cm

PARA FAZER O RECHEIO: Na tigela da batedeira, usando o batedor em formato de pá, ou em uma tigela média, usando um mixer portátil, bata a manteiga por alguns minutos. Troque para o batedor globo e adicione o açúcar de confeiteiro. Bata até homogeneizar. Adicione os extratos de coco e de baunilha e o leite de coco e bata até ficar cremoso, de 5 a 10 minutos. Se o recheio estiver duro em vez de cremoso, coloque mais 1 colher de chá de leite de coco e bata até ficar cremoso. O recheio pode ser feito vários dias antes e armazenado na geladeira, em um recipiente hermético. Deixe o recheio em temperatura ambiente e bata até ficar cremoso antes de usar. A receita pode render um pouco mais de recheio do que o necessário para os bolos de palito, variando conforme a marca da mistura pronta para bolo.

PARA FAZER O BOLO: Siga as instruções da embalagem para fazer a massa e adicione o extrato de coco e a baunilha na massa antes de assar. Asse três bolos redondos de 22 cm de diâmetro. Deixe esfriar. Os bolos podem ser embalados e armazenados em temperatura ambiente de um dia para o outro.

Forre uma assadeira com papel-manteiga. Desembale os bolos e remova crostas duras se houver. Transfira metade do bolo para a tigela da batedeira ou para uma tigela média, se usar um mixer portátil. Bata com o batedor globo até desmanchar o bolo em pedaços de 0,5 cm. Adicione o restante do bolo em 2 etapas e continue a bater até obter uma farofa. Esfarele os pedaços maiores com as mãos. Adicione 3 a 4 colheres de sopa de recheio, ou mais um pouco se precisar. Mexa até homogeneizar. A farofa de bolo deve manter a forma quando pressionada entre dois dedos. Se estiver muito seca, coloque mais 1 colher de sopa de recheio e bata até dar o ponto.

PARA MONTAR O BOLO DE PALITO EM CAMADAS: Coloque a mistura de bolo entre 2 pedaços de papel-manteiga e abra com o rolo até atingir uma espessura de 0,5 cm, ou pressione-a em uma assadeira forrada com papel-manteiga até atingir a espessura de 0,5 cm. Use um cortador de biscoitos de 5 cm de diâmetro para cortar 15 círculos. Use um cortador de biscoitos de 4 cm para cortar 15 círculos e coloque esses círculos em cima dos círculos de 5 cm. Use um cortador de biscoitos de 3 cm para cortar 15 círculos e coloque-os por cima dos outros. Abra espaço no freezer para os bolos no palito.

Em uma tigela pequena que possa ir ao micro-ondas, derreta 1 colher de sopa de gotas de chocolate branco em potência média, por 10 a 20 segundos, ou até derreter. Mergulhe um palito no chocolate derretido e o insira na camada superior (a menor) de um dos bolos. Empurre o palito para baixo, pelo centro de cada camada, mas sem perfurar a base. Coloque o bolo espetado em uma assadeira. Repita com os palitos e bolos restantes. Coloque a assadeira no freezer por 4 horas ou até ficar firme, ou de um dia para o outro.

PARA FAZER A COBERTURA DE CHOCOLATE: Deixe um termômetro culinário a postos. Prepare um banho-maria com uma panela grande e outra um pouco menor que encaixe em cima da grande. Encha a panela de baixo com alguns centímetros de água e leve para ferver sem a panela de cima. Deixe uma tábua de corte perto do fogão. Coloque um pano de prato dobrado em cima da tábua de corte para a estação de trabalho.

Divida o restante do chocolate em duas porções iguais (450 g cada). Divida cada porção, derretendo 75% (aproximadamente 350 g) e usando os outros 25% para temperar. Essa é uma etapa importante, principalmente se você nunca temperou chocolate. Use essa porção para decorar metade dos bolos no palito.

Continua na página 150

Continuação da página 149

PARA DERRETER O CHOCOLATE: Coloque 75% (350 g) das gotas de chocolate na panela ou tigela de cima e ajuste sobre a panela de baixo, com a água fervente. Certifique-se de que a panela está bem encaixada para não deixar escapar vapor. Se pingar água no chocolate, ele vai talhar e ficará inutilizável. Mexa o chocolate sem parar com uma espátula de silicone até derreter quase completamente e a temperatura atingir entre 45°C e 47°C.

Comece a esfriar o chocolate imediatamente, colocando os 25% restante das gotas de chocolates reservadas. Adicione um pouco de cada vez, mexendo sem parar. Tire a panela de chocolate do vapor, sempre mexendo. Transfira a panela para o pano de prato sobre a tábua de corte. Desligue o fogo do banho-maria. Verifique a temperatura do chocolate enquanto estiver mexendo, colocando mais gotas para temperar. A temperatura deve se manter em 30°C durante a temperagem, nunca abaixo de 26°C e nunca acima de 30°C, ou o processo será interrompido. Se a temperatura estiver na faixa correta e ainda houver algumas gotas não derretidas, tire-as do chocolate com uma colher. Se o chocolate ainda estiver derretendo e a porção de 25% de gotas de chocolate para temperagem já tiver sumido, use mais algumas gotas da metade reservada e continue a temperar e mexer até que o chocolate se mantenha na faixa de temperatura correta e as últimas gotas parem de derreter.

TESTE O CHOCOLATE: O chocolate deve ficar liso e líquido o suficiente para mergulhar os bolinhos no palito. Haverá um efeito de fita que se manterá por alguns segundos quando a espátula for erguida da tigela. Espalhe uma pequena quantidade de chocolate em um pedaço de papel-manteiga. Deixe descansar por 5 minutos. Se estiver brilhante e começar a endurecer, significa que está temperado.

Mantenha a temperatura do chocolate derretido entre 26°C e 30°C durante todo o processo de finalização.

Misture uma colher de óleo de coco se o chocolate estiver muito grosso para trabalhar. Deixe a panela de água no fogão, pois o chocolate terá que ser aquecido enquanto você faz a cobertura e a faixa de temperatura deverá ser mantida durante todo o processo. Aqueça a água se necessário.

Forre uma assadeira com papel-manteiga. Para mergulhar a primeira metade dos bolos no palito, incline a panela com cuidado, criando uma camada funda de chocolate em um dos lados. Retire um bolo do freezer. Segure o palito formando um ângulo de 90° acima do chocolate derretido. A base do bolo ficará mais afastada de você. Mergulhe o bolinho no chocolate e faça um giro lento de 360°, até todo o bolinho estar submerso e coberto de chocolate. Incline o palito para baixo para que o chocolate cubra uns 0,3 cm do palito, o que ajuda a segurar o palito no topo do bolo. Erga o bolo, com a camada de base acima do chocolate. Segurando o palito com dois dedos, gire o bolo de um lado para o outro delicadamente. (Se o chocolate estiver secando muito rapidamente, sem escorrer pelas laterais do bolo, talvez precise ser aquecido. Coloque o chocolate de volta no banho-maria, sem ligar o fogo, deixando que o calor residual da água quente derreta o chocolate. Não aqueça o chocolate acima de 30°C, nem deixe a temperatura baixar dos 26°C, senão você perderá a têmpera.) Raspe com cuidado qualquer excesso de chocolate da camada de baixo do bolo com uma espátula ou uma faca sem ponta enquanto o chocolate ainda estiver morno. Coloque os bolinhos no palito em uma assadeira forrada com papel encerado. Repita até todos os bolinhos estarem cobertos.

PARA DECORAR OS BOLINHOS NO PALITO: Polvilhe confeitos na camada de base ou por todo o bolo. Coloque o restante do chocolate temperado em um saco de confeitar com um bico n.° 2. O chocolate deve estar espesso o suficiente para manter a forma. Se estiver líquido demais, espere até esfriar um pouco. Use o chocolate para grudar as pérolas de açúcar, as flores de pasta americana e os confeitos no bolinho. Os bolos no palito podem ficar fora da geladeira por 1 dia se estiverem com uma camada bem selada de chocolate, com o palito inserido até o fundo. Também podem ser congelados e guardados cobertos. Deixe em temperatura ambiente antes de servir.

> **DICA:** Use um secador de cabelo na temperatura baixa para aquecer o chocolate se estiver ficando muito duro e difícil de lidar durante a etapa de decoração ou temperagem. Assim o chocolate será aquecido sem afetar a têmpera.

BOLAS E MAIS BOLAS DE TRUFAS DE CHOCOLATE

TEMPORADA 5, EP. 21

"Aquele da bola"

O espírito competitivo de Monica parece nunca dar trégua, seja fazendo gostosuras natalinas ou jogando bola com os rapazes. Essas trufas sortidas de chocolate branco e preto com castanhas são doces e festivas, algumas recheadas ainda têm um toque de café. Essas bolinhas não vão ficar no ar por muito tempo, só o suficiente para ir da sua mão para a sua boca. As trufas ficam melhores se você usar um chocolate de boa qualidade e creme de leite fresco, em vez de leite ou creme de leite UHT.

DIFICULDADE: Fácil
RENDIMENTO: Cerca de 20 trufas
TEMPO DE PREPARO: 2 ½ horas, mais 4 horas para esfriar

PARA AS TRUFAS DE CHOCOLATE AMARGO:
240 g de chocolate amargo ou meio amargo de alta qualidade
½ xícara de creme de leite fresco
1 colher de chá de manteiga sem sal em temperatura ambiente

PARA AS TRUFAS DE CHOCOLATE BRANCO:
120 g de chocolate branco de alta qualidade
2 colheres de sopa de creme de leite fresco
1 colher de chá de manteiga sem sal em temperatura ambiente
1 colher de chá de manteiga noisette

SABORES PARA ½ XÍCARA DE GANACHE:
1 colher de chá de extrato de baunilha
½ colher de chá de extrato de coco
1 colher de chá de extrato de laranja
1 colher de sopa de licor de sua preferência (opcional)
1 colher de sopa de café instantâneo em pó

COBERTURAS:
⅔ xícara de cacau em pó
½ xícara de chocolate branco gourmet finamente picado ou raspas de chocolate compradas prontas
½ xícara de granulado de chocolate
¾ xícara de amendoim, amêndoas e avelãs bem picadas
½ xícara de chocolate em pó maltado

SUGESTÕES PARA ACENTUAR O SABOR:
Sal marinho em flocos
Raspas de frutas cítricas
Açúcar demerara

PARA FAZER AS TRUFAS DE CHOCOLATE AMARGO: Pique o chocolate em pedacinhos. Transfira para uma tigela média resistente ao calor. Em uma panela média em fogo médio-baixo ou no micro-ondas em uma tigela própria, aqueça o creme de leite até começar a borbulhar, mas sem ferver. Despeje o creme de leite sobre os pedaços de chocolate e deixe descansar por 3 a 5 minutos sem mexer. Use uma espátula, não um fouet, para misturar o chocolate e o creme. Comece devagar e aumente a velocidade quando o chocolate ficar mais escuro e cremoso, parecendo brigadeiro quente. Adicione a manteiga e mexa até derreter por completo. Para fazer mais de um sabor de trufa, divida a ganache em porções iguais, em tigelas separadas, com no mínimo ½ xícara de ganache em cada tigela. Adicione o sabor de sua escolha (como baunilha, coco, laranja, licor ou café instantâneo) e mexa para homogeneizar. Alise a superfície e coloque um pedaço de papel-manteiga ou plástico-filme encostando na superfície da ganache. Leve à geladeira por 4 horas ou de um dia para o outro.

PARA FAZER AS TRUFAS DE CHOCOLATE BRANCO: Pique o chocolate branco em pedacinhos. Siga as mesmas instruções das trufas de chocolate amargo, adicionando a manteiga noisette ao mesmo tempo que a manteiga normal.

PARA MONTAR: Retire a ganache da geladeira. Coloque os sabores de sua preferência em tigelas separadas. Retire uma pequena porção de ganache com uma colher e enrole entre as palmas das mãos, fazendo uma bolota de uns 2 cm. Coloque a bolota na tigela com a cobertura de sua preferência e role para cobrir. O peso da bolota ajudará a cobertura a aderir. Se usar um realçador de sabor, misture na ganache antes de cobrir a trufa com o sabor desejado. Ingredientes secos como o sal podem ser misturados na ganache ou usados como finalização, enquanto as raspas de laranja ficam melhores incorporadas na trufa para não secar. Repita com o restante das bolotas. Guarde em um recipiente hermético por até 7 dias.

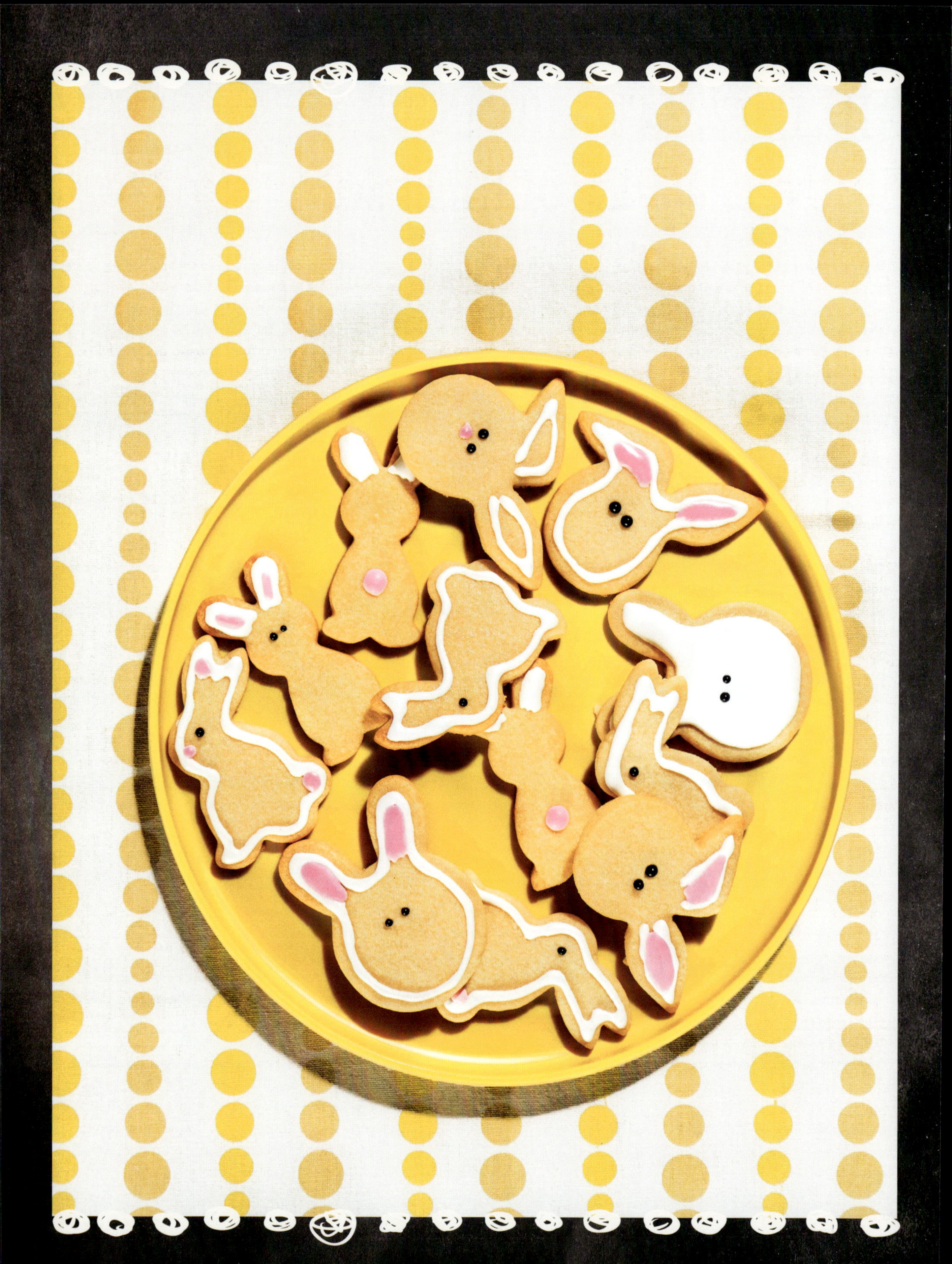

BISCOITOS GLACEADOS EM FORMATO DE COELHINHO DA RACHEL

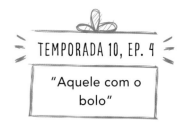

TEMPORADA 10, EP. 4
"Aquele com o bolo"

A festa do primeiro aniversário de Emma, filha de Ross e Rachel, começa mal. Ross e Rachel se atrasam, são parados pela polícia duas vezes, e o bolo de coelhinho é inadequado para menores, por conta de uma confusão entre pedidos na confeitaria. Entediados e com outros planos, Chandler, Monica, Phoebe e Joey decidem fazer uma corrida de bichos de pelúcia para ver quem precisará ficar até Ross e Rachel chegarem. No fim tudo dá certo: Ross transforma o bolo fálico em um coelhinho fofo e Emma diz que tem "um" aninho! Esses biscoitos glaceados têm limão doce na medida e um sabor tranquilizante de lavanda e vão manter todo mundo calmo na sua próxima festa.

DIFICULDADE: Média
RENDIMENTO: Cerca de 20 biscoitos
TEMPO DE PREPARO: 2 horas, mais 30 minutos para esfriar

PARA A MASSA DOS BISCOITOS:
- 1 xícara de manteiga sem sal em temperatura ambiente
- ½ xícara de açúcar de confeiteiro peneirado
- ½ xícara de açúcar refinado
- 1 ovo grande
- ½ colher de chá de extrato de limão-siciliano
- 1 colher de chá de raspas de limão-siciliano
- ½ colher de chá de suco de limão-siciliano
- 2 ½ xícara de farinha de trigo, mais um pouco para polvilhar
- ½ colher de chá de sal
- 1 colher de chá de lavanda culinária (opcional)

PARA O GLACÊ REAL:
- 4 colheres de sopa de merengue em pó (clara de ovo em pó)
- ¼ colher de chá de cremor tártaro
- 900 g de açúcar de confeiteiro peneirado, dividido
- 1 colher de chá de extrato de limão-siciliano
- Corante alimentício de boa qualidade de cores diversas

Confeitos (opcional)

PARA FAZER A MASSA DOS BISCOITOS: Na batedeira, usando o batedor em formato de pá, ou numa tigela média, usando o mixer portátil, bata a manteiga por alguns minutos até ficar cremosa. Adicione o açúcar de confeiteiro e o açúcar refinado e bata por alguns minutos até ficar bem claro e aerado. Adicione o ovo, o extrato, as raspas e o suco de limão. Misture bem. Acrescente a farinha, o sal e, se desejar, a lavanda culinária. Misture até a massa se unir e a farinha ser completamente incorporada.

Transfira a massa para um pedaço de papel-manteiga polvilhado com farinha. Polvilhe mais farinha por cima da massa e cubra com outro pedaço de papel-manteiga. Usando um rolo, abra até formar um retângulo de 1 cm de espessura. Se a massa estiver muito mole e a cozinha estiver muito quente, enrole-a em plástico-filme ou coloque-a em um saco plástico grande e acomode em uma assadeira que caiba na geladeira ou no freezer. Deixe por 30 minutos na geladeira ou por 10 minutos no freezer para firmar.

Coloque uma grade na parte mais baixa do forno e preaqueça a 190°. Forre uma assadeira com papel-manteiga.

Transfira a massa para uma superfície levemente enfarinhada. Deixe-a descansar até ficar flexível, por cerca de 10 minutos, para que possa ser aberta sem quebrar. Abra até atingir 0,5 cm de espessura.

Usando um cortador de biscoito de 9 cm no formato de coelhinho, corte os biscoitos e transfira-os para a assadeira forrada. Deixe um espaço de 0,5 cm entre os biscoitos. Leve à geladeira ou ao freezer até os biscoitos ficarem firmes. (Se forem bem embalados, os biscoitos cortados podem ser congelados por até 2 semanas. Asse assim que tirar do freezer, sem descongelar, e acrescente mais tempo de forno se necessário.)

Continua na página 154

DOCES PARA QUEM NÃO ESTÁ DANDO UM TEMPO | 153

Continuação da página 153

Asse os biscoitos por 10 a 12 minutos, virando a assadeira na metade do tempo para evitar que um lado asse mais do que o outro. Os biscoitos devem ficar levemente dourados por baixo e claros, mas firmes, por cima. Deixe os biscoitos esfriarem na assadeira por 3 minutos antes de transferi-los para uma grade para esfriarem completamente antes de cobrir com o glacê.

PARA FAZER O GLACÊ REAL: Em uma tigela média, misture as claras em pó e ¼ de xícara mais 3 colheres de sopa de água até homogeneizar. A mistura deve ficar levemente espumosa. Misture o cremor tártaro. Peneire para remover sedimentos, colocando-a na tigela da batedeira equipada com o batedor em formato de pá ou em uma tigela média, se usar o mixer portátil. Adicione metade do açúcar de confeiteiro. Bata em velocidade média até incorporar bem o açúcar. Coloque mais açúcar de confeiteiro, 1 ou 2 xícaras de cada vez, batendo entre cada adição e desligando a batedeira de vez em quando para raspar o fundo e as laterais da tigela.

Continue batendo o glacê por 15 minutos, até ficar espesso e cremoso, formando picos firmes. Misture o extrato de limão. Transfira o glacê para um recipiente coberto ou para diversos recipientes menores se usar várias cores. Coloque mais um pouco de água morna, 1 colher de sopa de cada vez, até atingir a consistência desejada para decorar os biscoitos. Use um glacê mais líquido para mergulhar os biscoitos e um glacê mais firme para fazer detalhes ou criar uma moldura ou linha nas bordas dos biscoitos. Lembre-se de que é mais fácil diluir o glacê do que engrossar. Leva um tempinho para a água realmente agir na mistura, então espere alguns minutos antes de colocar mais água.

Teste o glacê passando uma colher pelo meio dele. O glacê deve voltar à consistência lisa depois de 10 segundos. Se estiver líquido demais, será difícil controlar. Se estiver muito firme, não vai criar um acabamento delicado e será difícil de trabalhar com ele. O glacê sem corante dura alguns dias. Guarde coberto, mas não dentro de um saco de confeitar, em temperatura ambiente.

PARA DECORAR OS BISCOITOS: Se usar corante alimentício, adicione-o antes de colocar o glacê no saco de confeitar. Verifique a consistência do glacê antes de encher o saco de confeitar. Encaixe um bico n.º 2 no saco de confeitar para fazer uma moldura no biscoito, e um bico n.º 2 a n.º 5 para preencher a moldura com glacê. Para encher o saco de confeitar, coloque-o dentro de um copo alto. Dobre a ponta para o lado, para que o glacê não vaze. Enrole a ponta de cima do saco para baixo, virando para o lado de fora do vidro, e use uma espátula para encher o saco de confeitar com o glacê.

Faça o contorno com o bico n.º 2 e, em seguida, com o bico n.º 5, preencha a moldura com glacê. Use um palito de dente para furar bolhas de ar que possam se formar e bata levemente a parte inferior do biscoito na superfície de trabalho para alisar a cobertura. Outra opção é mergulhar a parte da frente do biscoito no glacê. Deixe o excesso escorrer de volta para a tigela. Se usar confeitos, polvilhe-os imediatamente. Sinta-se à vontade para decorar seus biscoitos de coelhinho do jeito mais fofo possível, o que sem dúvida deixaria Rachel orgulhosa.

NOTA: O glacê real leva no mínimo 24 horas para firmar por completo. As cores precisam estar bem secas antes de aplicar uma cobertura de outra cor.

COOKIES CHIPPER/CHOPPER GIGANTES DE CHOCOLATE E NOZES DA MONICA

TEMPORADA 4, EP. 2

"Aquele com o gato"

Monica dá de cara com seu crush do ensino médio, Chip, dono de uma moto chopper e de um ego gigante. Ainda apegada aos velhos sentimentos que tinha por ele, Monica, toda sem jeito, acaba fazendo um trocadilho dizendo que o nome dele é Chip e que a chopper se chama Chipper. Monica acaba enjoando de Chip, mas isso não significa que dispensaria um cookie gigante de frigideira com manteiga de amendoim e chips de chocolate. Talvez o que ela precise seja exatamente de uma gostosura que lembre os tempos de escola.

DIFICULDADE: Fácil
RENDIMENTO: 4 biscoitos
TEMPO DE PREPARO: 40 minutos

- ¼ xícara mais 2 colheres de sopa de manteiga sem sal em temperatura ambiente
- ¼ xícara bem cheia mais 2 colheres de sopa de açúcar mascavo
- ¼ xícara mais 2 colheres de sopa de açúcar refinado
- 1 ovo grande
- 2 colheres de sopa de manteiga de amendoim sem sal e sem açúcar
- 2 colheres de sopa de óleo de coco
- 1 colher de chá de extrato de baunilha
- 1 xícara mais 2 colheres de sopa de farinha de trigo
- 1 ½ colher de sopa de farinha de trigo-sarraceno
- ½ colher de chá de bicarbonato de sódio
- ¼ colher de chá de sal
- ½ xícara de castanhas sortidas, como nozes, amendoim, avelã e castanha-do-pará
- ½ xícara de gotas de chocolate amargo (60% cacau)
- ⅛ colher de chá de sal marinho para decorar
- Sorvete de baunilha (opcional) para servir

Preaqueça o forno a 180°C.

Na tigela da batedeira, usando o batedor em forma de pá, ou em uma tigela média, usando o mixer portátil, bata a manteiga, o açúcar mascavo e o açúcar refinado por alguns minutos, até a manteiga ficar cremosa e o açúcar ficar bem incorporado. Adicione o ovo. Em seguida, adicione a manteiga de amendoim, o óleo de coco e a baunilha e bata até homogeneizar.

Em uma tigela pequena, misture a farinha de trigo, a farinha de trigo-sarraceno, o bicarbonato de sódio e o sal. Adicione metade da mistura de farinha aos ingredientes úmidos e mexa até incorporar bem. Repita com o restante da mistura de farinha. Acrescente as castanhas e as gotas de chocolate.

Unte uma frigideira de ferro de 15 cm de diâmetro com manteiga ou óleo de coco. Transfira ½ xícara da massa para a frigideira e pressione para encher toda a frigideira. Asse até o centro do cookie estar firme, por cerca de 20 minutos. Polvilhe com sal marinho. Repita com o restante da massa para fazer 4 cookies no total. O resto da massa pode ser assado sem preaquecer a frigideira. Ou fracione a massa, embale em plástico-filme bem apertado e congele. Deixe a massa atingir temperatura ambiente antes de assar.

Deixe o cookie esfriar um pouco e sirva na frigideira com uma bola de sorvete de creme por cima, se desejar. Ou retire o cookie da frigideira com cuidado, deixe esfriar em uma grade e embrulhe em papel-alumínio para ter um lanche embalado para viagem.

DOCES PARA QUEM NÃO ESTÁ DANDO UM TEMPO

TORTINHA DE FRUTAS E EGGNOG DA PHOEBE

TEMPORADA 4, EP. 12

"Aquele com os embriões"

Phoebe toma a importante decisão de ser a barriga de aluguel para seu irmão Frank e a esposa, que não conseguem ter filhos. Na clínica, Frank se empolga e diz ao médico: "Vá lá pegar os ovos para colocar aí dentro!". Esse conselho também funciona bem quando se trata de sobremesas festivas. Essas saborosas tortinhas cremosas de creme de ovos com especiarias e crosta crocante agradam todo mundo. Finalize com frutas da estação e sirva para a família e para os amigos em qualquer celebração.

DIFICULDADE: Difícil
RENDIMENTO: Uma torta de 24 cm ou 8 a 10 tortinhas
TEMPO DE PREPARO: 2 ½ horas, mais 4 horas para firmar o recheio

PARA A MASSA DA TORTA:
Massa dos Biscoitos glaceados em formato de coelhinho da Rachel (página 153)
1 colher de chá de extrato de baunilha
¼ colher de chá de noz-moscada ralada na hora
1 pitada de canela em pó

PARA O EGGNOG (CREME DE OVOS COM ESPECIARIAS):
3 gemas de ovos grandes
¼ xícara mais 1 colher de sopa de açúcar refinado
3 colheres de sopa de amido de milho peneirado
1 xícara de leite
1 colher de sopa de açúcar mascavo (sem grumos)
½ xícara de creme de leite fresco
3 cm de fava de baunilha aberta e raspada, ou 1 colher de chá de extrato de baunilha
¾ colher de chá de noz-moscada ralada na hora
1 pitada de pimenta-da-jamaica
2 colheres de sopa de rum, uísque ou conhaque
1 ½ colheres de sopa de manteiga sem sal

PARA SERVIR:
1 xícara de frutas vermelhas frescas
½ xícara de frutas sortidas fatiadas
½ xícara de geleia de damasco

PARA FAZER A MASSA DA TORTA: Prepare a massa de Biscoito glaceado em formato de coelhinho seguindo as instruções da página 153, substituindo o extrato e o suco de limão-siciliano e a lavanda culinária pelo extrato de baunilha, noz-moscada e canela.

Preaqueça o forno a 180°C.

Em uma superfície limpa, abra a massa até atingir a espessura de 0,3 cm. Para fazer uma única torta, use um molde redondo de 24 cm ou uma fôrma de torta canelada como guia, corte um círculo de massa com sobra suficiente para cobrir o fundo e as laterais da fôrma. Transfira o círculo para a fôrma e pressione para firmar. Corte as bordas com uma faca sem ponta. Coloque a fôrma em uma assadeira e leve à geladeira ou freezer, até ficar dura, por cerca de 30 minutos na geladeira e 10 a 15 minutos no freezer.

Para fazer tortinhas, siga o mesmo processo, usando uma fôrma redonda ou canelada como guia, e corte de 8 a 10 círculos de massa. Abra novamente as sobras de massa que forem cortadas e faça mais tortinhas até cortar toda a massa.

Para assar a massa, coloque a torta em uma assadeira. Cubra a(s) massa(s) com papel-manteiga. Use pedaços individuais de papel para as tortinhas. Coloque algo que faça peso sobre as tortas por cima do papel para manter o formato da massa enquanto a torta assa. Asse por 20 minutos e depois gire a assadeira. Asse por mais 5 a 10 minutos. Retire do forno e remova com cuidado o que você usou para fazer o peso e o papel-manteiga. Reduza a temperatura do forno para 150°C e asse sem o papel até as bordas ficarem douradas e o meio ficar bem assado, parecendo um biscoito, por mais uns 5 minutos. Deixe esfriar na fôrma em cima de uma grade.

Continua na página 158

DOCES PARA QUEM NÃO ESTÁ DANDO UM TEMPO

Continuação da página 157

PARA FAZER O EGGNOG: Na tigela da batedeira, usando o batedor globo, ou em uma tigela média, usando o mixer portátil, misture as gemas de ovo e o açúcar refinado. Bata por 3 a 5 minutos, até a mistura ficar bem clara e engrossar, criando um efeito de fita na superfície ao erguer o batedor. Polvilhe o amido de milho e misture bem. Reserve.

Antes de levar o eggnog ao fogo, encha uma tigela com gelo e coloque outra tigela por cima. Você usará a tigela de cima para esfriar o creme de ovos rapidamente após o cozimento. Deixe uma peneira de malha fina por perto.

Em uma panela média, aqueça o leite em fogo médio. Misture o açúcar mascavo, o creme de leite, a fava de baunilha (se usar extrato, deixe para colocar antes de peneirar), a noz-moscada e a pimenta-da-jamaica e não pare de mexer durante o cozimento. Deixe ferver, depois mantenha borbulhando em fogo baixo.

Misture lentamente ¼ da mistura de leite quente com os ovos batidos. (Esse processo de temperagem evita que as gemas coagulem quando você as junta ao restante do leite fervido, pois reduz a quantidade de líquido quente que é colocado de uma só vez.)

Despeje os ovos que passaram pela temperagem na panela, junto com o restante do leite aquecido. Aqueça em fogo médio, sempre mexendo, até o creme de ovos levantar fervura. Deixe cozinhar de 3 a 5 minutos, até o creme engrossar e borbulhar no meio, ou até que o creme fique espesso o suficiente para cobrir as costas de uma colher. Acrescente o rum. Se usar extrato de baunilha, coloque-o nesse momento. Retire a panela do fogo.

Passe imediatamente o eggnog quente por uma peneira de malha fina, despejando na tigela em cima da tigela com gelo e use uma espátula para raspar o creme. Retire a fava de baunilha, se estiver usando. Acrescente a manteiga e mexa. Siga mexendo até esfriar um pouco. Coloque uma camada de plástico-filme sobre a superfície (pressionando o creme de leve) para evitar que se forme uma película. Arrume as massas das tortas, que ainda estão nas fôrmas, em uma assadeira. Retire o plástico-filme do creme de ovos e despeje ainda morno (não quente) dentro das fôrmas de torta assadas. Alise a superfície e leve as tortas à geladeira de um dia para o outro ou por no mínimo 4 horas. Tire as tortas frias das fôrmas e coloque-as na assadeira com cuidado.

PARA SERVIR: Coloque as frutas por cima das tortas. Em um recipiente próprio para micro-ondas, aqueça a geleia com 1 colher de sopa de água e leve ao micro-ondas em potência alta por 30 a 40 segundos. Retire os pedaços maiores de fruta da geleia. Com um pincel de confeitaria, pincele a geleia sobre as frutas para mantê-las brilhantes e conservadas.

DOCES PARA QUEM NÃO ESTÁ DANDO UM TEMPO

BARRINHAS FAMOSAS DO ROSS E DO MARCEL

TEMPORADA 2, EP. 12

"Aquele depois do Super Bowl, Parte 1"

O adorado macaco de estimação de Ross, Marcel, desaparece. Ele não está no zoológico, mas o zelador do zoo diz que Marcel não morreu, o que é uma boa notícia. Ross acaba descobrindo que Marcel ficou famoso e está atuando em filmes e comerciais de cerveja. Depois de relembrar alguns truques fofos do Marcel, como as "uvas-passas de macaco" que ele deixava no chapéu da Rachel, os amigos planejam um encontro. Essas barrinhas contêm chocolate, caramelo, chips de banana, coco, farofa de biscoito, amêndoas cruas crocantes e um toque de flocos de sal. Faça uma travessa para compartilhar se você quiser ser a estrela da festa.

DIFICULDADE: Média
RENDIMENTO: 20 barrinhas
TEMPO DE PREPARO: 1 ½ hora, mais 8 horas para esfriar

PARA A BASE DE BISCOITO:
- ½ xícara de farinha de trigo
- ½ xícara de biscoito doce moído
- 3 colheres de sopa de manteiga sem sal derretida, mais um pouco para untar a fôrma
- ½ xícara bem cheia de açúcar mascavo

PARA A COBERTURA CROCANTE:
- ½ xícara de flocos de coco tostados
- 120 g de chocolate branco de boa qualidade grosseiramente picado
- ¼ xícara de uvas-passas brancas
- ½ xícara de chips de banana adoçados, grosseiramente picados
- ½ xícara de amêndoas cruas grosseiramente picadas
- ¼ colher de chá de sal marinho em flocos
- 1 receita de Recheio de caramelo (página 35) feito na hora e ainda quente
- 1 receita de ganache das Barras bigodudas de merengue tostado do Richard e da Monica (página 163)

PARA FAZER A BASE DE BISCOITO: Preaqueça o forno a 180°C. Unte uma assadeira de 22 cm e forre com dois pedaços de papel-manteiga, de forma a cobrir o fundo e as laterais. Assim ficará mais fácil retirar da assadeira na hora de servir.

Em uma tigela média, misture a farinha, o biscoito triturado, a manteiga e o açúcar mascavo. Transfira a mistura para a assadeira e pressione bem, criando uma camada uniforme. Asse até firmar, por cerca de 15 a 20 minutos. Deixe esfriar completamente.

PARA FAZER A COBERTURA CROCANTE: Em uma tigela média, misture os flocos de coco, o chocolate branco, as uvas-passas, os chips de banana, as amêndoas e o sal. Reserve.

Faça o recheio de caramelo quando a base de biscoito estiver fria. Despeje o recheio de caramelo ainda quente sobre a base de biscoito. O recheio deve esfriar antes de você começar a fazer a ganache.

Prepare a ganache. Despeje-a imediatamente, ainda líquida e quente, sobre o caramelo e a base de biscoito e use uma espátula para alisar. Em seguida polvilhe a cobertura crocante. Deixe esfriar. Leve à geladeira, sem cobrir, e deixe de um dia para o outro. Tire da assadeira, levantando o papel-manteiga pelos lados, e transfira para uma tábua de corte. Corte ao meio, depois corte cada metade em barrinhas do mesmo tamanho. Aproveite!

DOCES PARA QUEM NÃO ESTÁ DANDO UM TEMPO | 159

BOLO DE CABEÇA PARA BAIXO DO ROSS

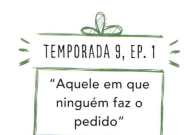

TEMPORADA 9, EP. 1

"Aquele em que ninguém faz o pedido"

Seja casando-se por impulso em Las Vegas ou dizendo o nome errado no altar, parece que Ross é bom em virar sua vida de cabeça para baixo. Esses minibolos de sabor amendoado por causa da farinha de trigo-sarraceno e cobertura doce de banana e tâmaras são perfeitos para uma sobremesa com sorvete de baunilha ou creme batido. Também ficam deliciosos com sua bebida preferida pela manhã. Bolo no café da manhã é nossa versão preferida do bolo de cabeça para baixo.

DIFICULDADE: Média
RENDIMENTO: 10 minibolos
TEMPO DE PREPARO: 1 ½ hora

PARA A COBERTURA DE BANANA E TÂMARAS:
1 banana grande
4 colheres de sopa de manteiga sem sal
¼ xícara de açúcar mascavo
¼ xícara de tâmaras sem sementes e finamente picadas
⅛ colher de chá de sal
½ colher de chá de canela em pó
1 pitada de noz-moscada ralada na hora
½ colher de chá de extrato de baunilha
2 colheres de sopa de creme de leite fresco
2 colheres de sopa de farinha de trigo, mais um pouco para polvilhar as fôrmas

PARA A MASSA DO BOLO:
1 xícara de farinha de trigo
2 colheres de sopa de amido de milho
1 ½ colher de sopa de farinha de trigo-sarraceno
1 colher de chá de fermento químico
½ colher de chá de bicarbonato de sódio
¼ colher de chá de sal
¼ xícara mais 2 colheres de sopa de leitelho (buttermilk) em temperatura ambiente
1 colher de chá de extrato de baunilha
2 colheres de sopa de rum
2 colheres de sopa mais 1 ½ colher de chá de açúcar mascavo
½ xícara mais 2 colheres de sopa de açúcar refinado
2 ovos grandes separados e em temperatura ambiente
6 colheres de sopa de manteiga sem sal em temperatura ambiente

Preaqueça o forno a 180°C. Unte dez ramequins de 180 ml ou fôrmas de muffin grandes com óleo de cozinha e polvilhe com farinha.

PARA FAZER A COBERTURA DE BANANA E TÂMARAS:
Descasque a banana. Fatie e amasse ¾ da banana e reserve. Corte o pedaço restante na diagonal, em dez fatias de 0,3 cm. Coloque 1 fatia de banana no meio de cada um dos ramequins untados.

Em uma panela média, derreta a manteiga em fogo médio-baixo. Quando estiver derretida, coloque o açúcar mascavo, a banana amassada, a tâmara, o sal, a canela, a noz-moscada e a baunilha. Use as costas de uma colher de madeira para esmagar as tâmaras e a banana, sempre mexendo para o açúcar não queimar. Deixe cozinhar até o açúcar e a banana derreterem e virarem um molho espesso. Coloque o creme de leite fresco, misturando bem. Polvilhe a farinha e mexa. A mistura ficará parecida com um molho espesso quando estiver pronta.

Retire do fogo e deixe esfriar completamente. Coloque cerca de 1 colher de sopa de cobertura em cada ramequim, por cima das fatias de banana. Espalhe a cobertura para cobrir todo o fundo. A cobertura pode ser feita 1 dia antes e armazenada na geladeira em um recipiente hermético. Aqueça a cobertura no micro-ondas, por cerca de 30 segundos, e mexa antes de usar.

PARA FAZER A MASSA DO BOLO: Em uma tigela média, peneire a farinha de trigo, o amido de milho, a farinha de trigo-sarraceno, o fermento químico, o bicarbonato de sódio e o sal. Em um recipiente de vidro, misture o leitelho, a baunilha e o rum. Em outra tigela média, peneire o açúcar mascavo e o açúcar refinado, pressionando os pedaços maiores contra a peneira e usando os dedos para desfazer os grumos. Reserve.

Para fazer o merengue, use a tigela da batedeira com o batedor globo ou uma tigela média com o mixer portátil e bata as claras até formarem picos firmes. Transfira para uma tigela limpa e reserve. (Ver as dicas sobre merengue da chef Monica na página 21.)

Em uma tigela limpa da batedeira com o batedor globo ou em uma tigela média com o mixer portátil, bata a manteiga em velocidade média por cerca de 2 minutos, até ficar clara e aerada. Adicione lentamente os açúcares peneirados e bata até misturar bem, por 2 a 3 minutos. Adicione as gemas, uma de cada vez, batendo bem depois de cada adição, até homogeneizar.

Alternadamente, adicione ⅓ da mistura de farinha e ⅓ da mistura de leitelho, misturando sem bater muito. Desligue a batedeira e raspe as laterais e o fundo da tigela entre cada adição. Com uma colher, despeje cerca de ¼ de xícara de clara na massa e misture bem. Coloque com cuidado o restante das claras, usando o batedor da batedeira como um batedor manual. Restarão alguns pedaços e faixas de clara na massa. Não bata demais para as claras não perderem o volume.

Coloque cerca de ¼ da massa dentro dos ramequins. Use uma colher ou espátula para alisar a superfície.

Coloque os ramequins diretamente na grade do meio do forno para um fluxo de ar constante ou em cima de uma assadeira. Asse até o centro do bolo voltar depois de ser pressionado com os dedos, ou até que um palito de dente saia limpo após inserido na massa, em 18 a 25 minutos. Verifique os bolos e gire na metade do cozimento se não estiverem assando por igual. (Os bolos assados em fôrmas de muffin assam mais rápido e ficam mais quentes, então verifique se estão prontos depois de 15 minutos.)

Deixe esfriar por 5 minutos em uma grade. Para soltar os bolos dos ramequins, passe uma faca sem ponta ao redor do ramequim e em seguida vire com cuidado para desenformar. Se ficar um pouco de cobertura no ramequim ou na fôrma de muffin, raspe e acomode sobre os bolos. Deixe esfriar em uma grade por 10 minutos antes de servir. São deliciosos quentinhos, assim que saem do forno, ou aquecidos no micro-ondas por alguns segundos.

"BOM, EU NÃO... NÃO FIZ O PEDIDO DE CASAMENTO. A MENOS QUE... SERÁ QUE FIZ? FAZ 40 HORAS QUE NÃO DURMO. E ISSO PARECE UMA COISA QUE EU FARIA."

Ross

BARRAS BIGODUDAS DE MERENGUE TOSTADO DO RICHARD E DA MONICA

TEMPORADA 2, EP. 20

"Aquele em que o velho Yeller morre"

Joey e Chandler são obcecados por tudo que tem a ver com Richard, o namorado mais velho e bonitão da Monica. Chandler deixa crescer um bigode ridículo como o de Richard, e Joey começa a fumar charutos porque Richard fuma. Monica fica um pouco enciumada porque os amigos passam mais tempo com Richard do que ela, então por que não criar uma sobremesa "Richardiana" para competir? Essas barras de ganache de chocolate amargo e base de biscoito recebem uma cobertura de sal defumado e "bigodes" de merengue tostado.

DIFICULDADE: Média
RENDIMENTO: 12 barras
TEMPO DE PREPARO: 2 a 3 horas, mais 8 horas para esfriar

PARA A BASE DE BISCOITO:
1 ½ xícara de biscoito doce triturado
¼ xícara mais 1 colher de sopa de manteiga sem sal derretida
½ colher de chá de fermento químico
1 colher de chá de extrato de baunilha
⅛ colher de chá de sal

1 receita de Recheio de caramelo (página 35), feito na hora e ainda quente

PARA A COBERTURA DE GANACHE:
2 xícaras de gotas de chocolate amargo (60% cacau)
1 ½ xícara de creme de leite
1 colher de chá de manteiga sem sal

PARA O "BIGODE" DE MERENGUE:
3 claras de ovos grandes
½ xícara mais 2 colheres de sopa de açúcar refinado

PARA FAZER A BASE DE BISCOITO: Preaqueça o forno a 180°C. Unte uma assadeira quadrada de 22 cm com manteiga e forre com 2 camadas de papel-manteiga, cobrindo o fundo e as laterais. Assim ficará mais fácil retirar as barras depois de assadas.

Em uma tigela média, misture bem o biscoito triturado, a manteiga, o fermento químico, a baunilha e o sal. Pressione com firmeza a base de biscoito na assadeira, criando uma camada uniforme só no fundo. Cubra com papel-manteiga. Use um copo ou as costas de uma colher para alisar a superfície. Retire o papel-manteiga. Asse por 10 minutos. Deixe esfriar um pouco na assadeira, em cima de uma grade, por 10 minutos. Mantenha o forno aquecido a 180°C.

Prepare o recheio de caramelo assim quem a base estiver bem fria e coloque imediatamente por cima. Espalhe a mistura por igual e asse por 15 a 20 minutos, até borbulhar e caramelizar na superfície. Deixe esfriar, cubra e leve à geladeira por cerca de 20 minutos antes de fazer a ganache.

PARA FAZER A COBERTURA DE GANACHE: Coloque as gotas de chocolate em uma tigela média. Em uma panela pequena, em fogo médio, ou no micro-ondas em uma tigela adequada, aqueça o creme de leite até começar a fazer pequenas bolhas (sem levantar fervura). Despeje o creme de leite sobre os pedaços de chocolate e deixe descansar por 3 minutos sem mexer. Use uma espátula ou colher para misturar o chocolate e o creme lentamente. À medida que o chocolate derreter e o creme for incorporado, a mistura ficará espessa e escura, parecendo brigadeiro quente. Adicione a manteiga e despeje sobre a base de biscoitos e o caramelo. Alise com uma espátula. Dê umas batidinhas com a fôrma no balcão para desfazer quaisquer bolhas de ar antes de levar a ganache à geladeira.

Continua na página 164

DOCES PARA QUEM NÃO ESTÁ DANDO UM TEMPO | 163

Continuação da página 163

Deixe esfriar e em seguida leve à geladeira, sem cobrir, por pelo menos 8 horas ou até firmar completamente.

Para cortar as barrinhas, use uma faca sem ponta para soltar a ganache das laterais da assadeira. Cubra a fôrma com uma tábua de corte ou assadeira, vire e bata no fundo para desenformar.

Para virar a ganache para cima, coloque um pedaço de papel-manteiga na base de biscoitos e depois uma tábua de corte ou assadeira. Vire mais uma vez, deixando o lado da ganache para cima.

Usando uma faca afiada, corte em duas metades de cerca de 11 x 22 cm. Apare as beiradas e em seguida corte em 12 barrinhas de tamanhos iguais de cerca de 10 x 4 cm. Leve à geladeira em um recipiente coberto.

PARA FAZER O BIGODE DE MERENGUE: Em uma tigela grande de inox ou na tigela da batedeira usando o batedor globo, misture as claras e o açúcar. (Ver as dicas sobre merengue da chef Monica na página 21.)

Coloque a tigela da batedeira ou uma tigela média-grande resistente ao calor com as claras sobre uma panela média com ¼ de água para um banho-maria. Deixe a água borbulhar (sem ferver) em fogo médio-alto enquanto bate os ovos e o açúcar. Aqueça até a temperatura da mistura marcar 70°C em um termômetro culinário. Leve a tigela de volta à batedeira e encaixe o batedor globo ou coloque a mistura aquecida na tigela da batedeira. Bata até a tigela esfriar e o merengue ficar espesso e aerado e formar picos firmes ao erguer o batedor.

Use uma espátula para colocar o merengue em um saco de confeitar com um bico n° 30 em ponta de estrela para fazer os 12 bigodes do seu jeito, talvez com uma voltinha levantada nos cantos. Ou transfira o merengue para um saco plástico e corte uma ponta para cobrir as barrinhas com o merengue. Coloque um bigode em cima de cada barrinha.

Disponha as barras em uma assadeira ou sobre uma superfície resistente ao calor. Use um maçarico de cozinha para tostar os bigodes, mas use chamas curtas para não derreter as barrinhas. Ou use um palito de fósforo comprido para tostar os bigodes. Se algum dos bigodes pegar fogo, apague imediatamente. Para o melhor sabor, sirva as barrinhas imediatamente. Duram de 2 a 3 dias na geladeira em um recipiente coberto.

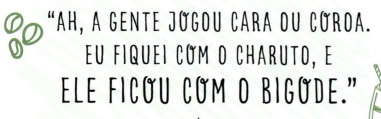

"AH, A GENTE JOGOU CARA OU COROA. EU FIQUEI COM O CHARUTO, E ELE FICOU COM O BIGODE."
Joey

BROWNIES DO PACOTE VAZIO DO JOEY

TEMPORADA 8, EP. 12

"Aquele em que Joey namora Rachel"

Às vezes Joey tem a melhor das intenções, mas seu estômago fala mais alto. Quando namora Rachel, um dia ele aparece com um buquê de lírios e um brownie. Bem, sem o brownie. Só com um pacote vazio, pois comeu o brownie no caminho para casa. Mas aqui não vai ter pacote vazio! Esses brownies estupendos são cobertos com cereal de cacau, o que proporciona uma textura crocante extra-achocolatada. O recheio denso e cremoso de chocolate e as avelãs adocicadas farão desse o melhor brownie da sua vida. Isso se Joey não aparecer para comer tudo antes.

DIFICULDADE: Fácil
RENDIMENTO: 9 brownies grandes
TEMPO DE PREPARO: 1 ½ hora

PARA A BASE DE CHOCOLATE:
1 xícara de manteiga sem sal, mais um pouco para untar a fôrma
1 xícara de cacau em pó
2 colheres de chá de café instantâneo em pó
2 colheres de sopa de leite
1 colher de sopa de leite vegetal

PARA A MASSA:
1 ½ xícara de farinha de trigo, mais um pouco para polvilhar a fôrma
1 colher de chá de sal
1 colher de chá de fermento químico
1 colher de chá de amido de milho
4 ovos grandes
½ xícara bem cheia de açúcar mascavo
1 ¾ xícara de açúcar refinado
1 colher de chá de extrato de baunilha
1 xícara de gotas de chocolate amargo (60% cacau)
¾ xícara de avelãs ou castanha de sua preferência, torrada, picada ou triturada
2 xícaras de cereal de chocolate

Preaqueça o forno a 190°C. Unte a fôrma com manteiga e farinha de trigo.

PARA FAZER A BASE DE CHOCOLATE: Leve uma panela pequena ao fogo médio e derreta a manteiga. Junte o cacau em pó, o café instantâneo, o leite e o óleo vegetal. Retire do fogo e deixe esfriar.

PARA FAZER A MASSSA DE BROWNIE: Em uma tigela média, misture a farinha, o sal, o fermento químico e o amido de milho. Na tigela da batedeira, usando o batedor globo, ou em uma tigela média, usando um mixer portátil, bata os ovos, o açúcar mascavo e o açúcar refinado até ficar bem claro e aerado, por 10 minutos. Adicione a baunilha. Desligue a batedeira e raspe as laterais da tigela. Despeje a base de chocolate e mexa até incorporar quase completamente. Retire a tigela da batedeira e adicione a mistura de farinha sem bater. Adicione ½ xícara de gotas de chocolate e as castanhas.

Despeje a massa na fôrma untada. Alise com uma espátula. Asse por 35 minutos. Reduza a temperatura do forno para 180°C e asse até as bordas ficarem crocantes e firmes, por 10 a 15 minutos. O meio ainda estará um pouco mole, mas, ao inserir um palito de dente, ele deve sair quase limpo. Retire a fôrma do forno e polvilhe ½ xícara de gotas de chocolate. Retorne ao forno por 1 minuto. Retire do forno e use uma espátula para espalhar o chocolate derretido em uma camada uniforme. Despeje o cereal e distribua sobre o chocolate. Deixe esfriar em uma grade por 2 horas antes de cortar. Os brownies podem ser armazenados na geladeira em um recipiente hermético por 2 dias.

DICA: A cobertura de cereal de chocolate vai murchar se ficar na geladeira. Se você não for comer todos os brownies no mesmo dia como o Joey, deixe sem a cobertura ou aqueça o chocolate com um maçarico de cozinha e coloque o cereal na hora de servir.

CUPCAKES DE CHAI COM MAÇÃ DA RACHEL

TEMPORADA 2, EP. 17

"Aquele em que Eddie se muda para o apartamento"

Rachel talvez precise de um curso de atualização das habilidades de garçonete quando deixa cair uma fatia de torta dentro do capuz de um cliente, mas Ross salva a situação, resgatando a torta para ela. Esse cupcake com sabor de torta de maçã, cheio de especiarias, já vem servido para que você possa manter os dedos limpos enquanto devora cada pedacinho delicioso. Não precisa de capuz para guardar!

DIFICULDADE: Média
RENDIMENTO: 12 cupcakes
TEMPO DE PREPARO: 2 horas

MIX DE ESPECIARIAS PARA CHAI:
½ baga de anis-estrelado
¾ colher de chá de pimenta-do-reino em grãos
½ colher de chá de pimenta-branca em grãos
1 colher de sopa de canela em pó
¾ colher de chá de gengibre em pó
1 colher de chá de cardamomo moído
⅛ colher de chá de noz-moscada ralada na hora
⅛ colher de chá de cravo em pó

CHAI CONCENTRADO:
¼ xícara de água
2 saquinhos de chá preto

RECHEIO DE MAÇÃ:
1 ½ a 2 colheres de sopa de manteiga sem sal
2 maçãs pequenas descascadas, sem miolo e cortadas em cubos de 0,5 cm
1 colher de chá de açúcar refinado, mais um pouco se necessário

MASSA DO CUPCAKE:
1 ¼ xícara de farinha de trigo
1 colher de sopa de amido de milho
¾ colher de chá de bicarbonato de sódio
⅛ colher de chá de sal
¼ xícara mais 2 colheres de sopa de leitelho (buttermilk) em temperatura ambiente
1 saquinho de chá preto
1 pedaço de 1 cm de gengibre fresco descascado e ralado

1 colher de chá de extrato de baunilha
2 ovos grandes separados e em temperatura ambiente
½ xícara mais 2 colheres de sopa de açúcar refinado, divididas
6 colheres de sopa de manteiga sem sal em temperatura ambiente
2 colheres de sopa de açúcar mascavo (desmanche os grumos, se houver)

COBERTURA:
1 ¾ xícara de Creme batido (página 35)
2 ½ xícara de Cobertura de creme de manteiga (página 29), feita com chai concentrado

PARA FAZER O MIX DE ESPECIARIAS PARA CHAI: Coloque o anis-estrelado, os grãos de pimenta-do-reino e os grãos de pimenta-branca em um saco plástico com fecho e esmague com um martelo de carne ou rolo de massa. Transfira para um moedor de temperos ou pilão e bata até pulverizar. Adicione a canela, o gengibre, o cardamomo, a noz-moscada e o cravo e peneire, passando para um recipiente limpo coberto. O mix de especiarias dura vários meses se fechado em um recipiente hermético. Reserve.

PARA FAZER O CHAI CONCENTRADO: Ferva a água e desligue o fogo. Adicione os saquinhos de chá e 1 colher de sopa do mix de especiarias. Deixe em infusão, coberto, por 10 minutos. Retire os saquinhos de chá e coe o líquido, passando para um recipiente limpo. Reserve.

Continua na página 168

Continuação da página 167

PARA FAZER O RECHEIO DE MAÇÃ: Em uma frigideira média, derreta a manteiga em fogo médio. Adicione as maçãs e cozinhe até ficarem macias e levemente escurecidas, por cerca de 4 minutos. Adicione 1 colher de chá de chai concentrado e o açúcar. Cozinhe até o líquido ser absorvido. Adicione mais manteiga se a mistura estiver seca e coloque mais açúcar a gosto. Retire do fogo e deixe esfriar. O recheio pode ser feito um dia antes da montagem e armazenado coberto na geladeira.

PARA FAZER A MASSA: Preaqueça o forno a 180°C.

Peneire a farinha, o amido de milho, o fermento químico, o bicarbonato de sódio e 1 ½ colher de chá do mix de especiarias. Misture o sal. Reserve.

Aqueça o leitelho por 10 a 15 segundos no micro-ondas, até ficar quente o suficiente para ativar o chá, mas não quente demais a ponto de coalhar. Coloque o saquinho de chá e deixe em infusão, coberto, por 5 minutos. Esprema o saquinho de chá para retirar todo o líquido e depois descarte. Cubra e deixe em infusão por 10 minutos. Adicione a baunilha e deixe esfriar até atingir a temperatura ambiente.

Para fazer o merengue, use a tigela da batedeira com o batedor globo ou um mixer portátil e uma tigela média para bater as claras até formar picos firmes (ver dicas sobre preparação de merengue na página 21). Quando os picos das claras estiverem quase firmes, adicione 1 colher de chá de açúcar refinado para ajudar a estabilizar. O merengue estará pronto quando o batedor for removido e as claras se mantiverem em picos firmes na ponta do batedor se viradas de cabeça para baixo. Batidas demais, as claras ficarão opacas, granuladas e desandadas e não poderão ser usadas. Transfira o merengue para uma tigela limpa. Reserve. Lave e seque a tigela e o batedor da batedeira.

Coloque a manteiga na tigela limpa da batedeira. Bata por alguns minutos com o batedor globo até ficar cremosa. Adicione o restante do açúcar refinado e o açúcar mascavo e bata em velocidade média até o açúcar ficar mais claro, por cerca de 3 minutos. Adicione as gemas, uma de cada vez, batendo entre cada adição. Adicione ⅓ da mistura de farinha, alternando com a mistura de leitelho. Entre cada edição, misture rapidamente os ingredientes, sem bater demais. Raspe a tigela com frequência enquanto bate. Com uma colher, adicione ¼ de xícara da clara de ovo e misture sem bater. Retire a tigela da batedeira e adicione o restante das claras batidas. Use um fouet para incorporar o merengue à massa. Faça movimentos circulares e delicados com a mão. Essa etapa deve ser feita à mão, sem batedor elétrico, pois o merengue pode desandar.

Coloque forminhas de papel na fôrma própria para de cupcake. Adicione a mesma quantidade de massa dentro de cada forminha. Use uma colher de sorvete de 40 ml com ejetor para fazer cupcakes com topo reto ou coloque 3 colheres de sopa de massa em cada forminha. Asse por 15 minutos na grade do meio. Gire a fôrma depois de 8 minutos. Os cupcakes estarão prontos quando a massa voltar depois de pressionada ou quando um palito de dente sair limpo. Deixe esfriar na fôrma por 10 minutos, depois desenforme e transfira para uma grade. Deixe esfriar completamente antes de rechear ou decorar.

Para fazer a cobertura, adicione lentamente 1 colher de chá de chai concentrado de cada vez à cobertura de creme de manteiga. Se a mistura estiver com aspecto de que vai talhar ou desmanchar, aumente a velocidade e continue batendo até ficar cremosa e aerada. Gele e deixe voltar à temperatura ambiente antes de bater ou use imediatamente.

Retire um pouco do miolo do cupcake para colocar o recheio. Encha sacos de confeitar separados com o recheio de maçã, a cobertura de creme de manteiga e o creme batido e use bico decorativo redondo ou em formato de estrela.

Recheie cada cupcake com uma pequena quantidade de recheio de maçã. Use a ponta dos dedos ou uma colher pequena para empurrar o recheio para o fundo de cada cupcake. Recheie o restante da cavidade com o creme batido e faça um círculo de creme de 2 cm de diâmetro no topo de cada cupcake para cobrir o buraco. Finalize a cobertura com o creme de manteiga, aplicando-o a partir da borda do creme batido. Circule o centro de creme batido e vá até a borda do cupcake. Coloque os cupcakes finalizados na geladeira. Para o máximo sabor, sirva no mesmo dia. Se fizer com antecedência, leve à geladeira e deixe descansar em temperatura ambiente por 30 minutos antes de servir. Isso permite que o creme de manteiga amoleça e fique com uma textura mais cremosa.

MAÇÃ CARAMELADA PERFEITA DA MONICA

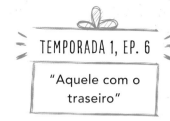

TEMPORADA 1, EP. 6

"Aquele com o traseiro"

Todo mundo sabe que Monica gosta de tudo perfeito. Seja acordando no meio da noite para ajeitar um par de tênis que estava fora do lugar, seja ficando ansiosa por causa das gotas de condensação a escorrer de um copo na mesa de madeira, ela leva tudo muito a sério. Mesmo não tendo o temperamento da Monica, você pode fazer essa maçã cozida caramelada sem se estressar nem perder o sono. É a sobremesa perfeita para impressionar a família e os amigos. Apenas deixe toda a obsessão para a Monica. Você pode aumentar a receita se quiser compartilhar com mais pessoas. Ou faça só uma maçã de parar o trânsito e coma sua sobremesa perfeita do jeito que gosta, sem nenhuma distração.

DIFICULDADE: Média
RENDIMENTO: 1 maçã caramelada
TEMPO DE PREPARO: 1 hora

PARA A MAÇÃ COZIDA:
4 xícaras de cidra de maçã
1 xícara de suco de uva branco
1 baga de anis-estrelado
3 grãos de pimenta-do-reino ou pimenta-branca
1 pitada de cardamomo ou 2 bagas amassadas
½ rama de canela, cerca de 5 cm, ou ¼ colher de chá de canela em pó
1 maçã grande descascada e sem o miolo

PARA A BASE E A DECORAÇÃO:
1 pacote de massa de torta comprada pronta descongelada
3 colheres de sopa de Calda de caramelo salgado (página 26)
1 biscoito redondo de aveia ou amanteigado de 8 cm de diâmetro
¼ xícara de biscoitos recheados de baunilha – ou doce de leite – triturados (opcional)
1 a 2 colheres de chá de manteiga sem sal em temperatura ambiente (opcional)
1 a 2 colheres de sopa de castanhas caramelizadas finamente picadas

PARA A MONTAGEM:
Castanhas caramelizadas finamente picadas para rechear a maçã (opcional)
Calda de caramelo salgado (página 26) para rechear e regar a maçã (opcional)
3 a 4 colheres de sopa de Creme batido (página 35) (opcional)
3 a 4 colheres de sopa de sorvete amolecido (opcional)
1 canudo de wafer ou pau de canela
¼ xícara de pipoca caramelizada

PARA FAZER A MAÇÃ COZIDA: Em uma panela média, ferva a cidra de maçã, o suco de uva, o anis-estrelado, os grãos de pimenta, o cardamomo e a canela em fogo médio-alto. Adicione a maçã com a parte de cima voltada para baixo, de modo que o líquido do cozimento a cubra completamente quando mergulhada. Cozinhe a maçã por 10 minutos, vire-a ao contrário e a cozinhe até ficar macia, por cerca de mais 10 minutos. Retire a maçã com uma escumadeira e deixe-a esfriar em um prato forrado com papel-toalha. Reserve o líquido para fazer uma bebida quente ou fria com sabor de especiarias ou para cozinhar outras maçãs.

PARA FAZER A BASE E FINALIZAR: Preaqueça o forno a 180°C. Use um cortador de biscoitos em formato de folha para cortar 6 pedaços da massa de torta. Asse as folhas em uma assadeira forrada com papel-manteiga até ficarem levemente douradas, por cerca de 10 minutos. Você também pode fazer biscoitos em forma de folha usando a massa de Biscoitos glaceados em formato de coelhinho da Rachel (página 153).

À mão livre ou usando um molde circular como guia, espalhe 2 colheres de sopa da calda de caramelo ligeiramente aquecida no centro de um prato, criando um círculo de 8 cm de diâmetro. Leve o prato descoberto à geladeira enquanto prepara a base de biscoito.

Continua na página 171

Continuação da página 169

Para a base de biscoito, coloque 1 biscoito sobre a calda de caramelo no prato. Ou faça a base com biscoitos recheados triturados. Coloque os biscoitos recheados em um processador de alimentos com 1 colher de sopa de manteiga. Processe até ficarem grudentos ao serem pressionados entre os dedos. Coloque mais 1 colher de sopa de manteiga se necessário e pulse para misturar. Coloque uma camada de biscoitos triturados sobre o caramelo.

Espalhe 1 colher de sopa da calda de caramelo restante sobre a base de biscoito. Cubra com 1 a 2 colheres de castanhas caramelizadas picadas, criando uma base estável para a maçã.

PARA A MONTAGEM: Corte o quarto inferior da maçã para criar uma superfície plana para assentar sobre a base de biscoito e castanhas. Pique essa parte inferior em cubinhos. Coloque o lado cortado da maçã no centro da base. Recheie a maçã a gosto com as castanhas, a calda de caramelo e/ou os cubinhos de maçã. Coloque o creme batido ou o sorvete em um saco de confeitar preparado com um bico redondo largo para esguichar no centro da maçã.

Coloque o canudo de wafer no centro da maçã e posicione como se fosse um caule. Coloque 1 folha de massa próxima ao caule e jogue as outras folhas de maneira artística sobre o prato. Acrescente a pipoca e regue a maçã com o resto da calda de caramelo. Delicie-se!

NOTAS: Para economizar nos ingredientes, reutilize o líquido para cozinhar mais maçãs, fervendo-as em lotes. As maçãs podem ser cozidas 3 horas antes de empratar e armazenadas na geladeira em um recipiente fechado com 2 xícaras de suco de maçã por cima para evitar que oxidem. É possível preparar e empratar várias maçãs com antecedência. Coloque o creme batido e o sorvete como acompanhamento, se desejar, na hora de servir. Adicione o caule de wafer, as folhas de massa de torta e a pipoca caramelizada na hora de servir para que se mantenham crocantes. Abra um espaço na geladeira para resfriar as maçãs empratadas.

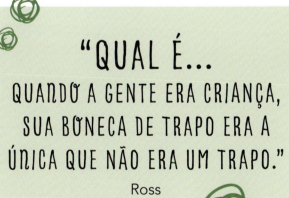

"QUAL É...
QUANDO A GENTE ERA CRIANÇA, SUA BONECA DE TRAPO ERA A ÚNICA QUE NÃO ERA UM TRAPO."
Ross

Copyright © 2021 Warner Bros. Entertainment Inc.
FRIENDS and all related characters and elements
© & TM Warner Bros. Entertainment Inc.
WB SHIELD: TM & © WBEI. (S21)

Publicado mediante acordo com a Insight Editions, PO Box 3088, San Rafael, CA 94912, USA, www.insighteditions.com

Nenhuma parte desta publicação pode ser reproduzida, armazenada ou transmitida para fins comerciais sem a permissão do editor. Você não precisa pedir nenhuma autorização, no entanto, para compartilhar pequenos trechos ou reproduções das páginas nas suas redes sociais, para divulgar a capa, nem para contar para seus amigos como este livro é incrível (e como somos modestos).

Este livro é resultado de um trabalho feito com muito amor, diversão e gente finice pelas seguintes pessoas:
Gustavo Guertler (publisher), Fernanda Scherer (coordenação editorial), Lúcia Brito (revisão), Gabriela Peres (revisão), Juliana Rech (adaptação do projeto gráfico e diagramação), Adriana Krainski (tradução)
Obrigado, amigos.

2021
Todos os direitos desta edição reservados à
Editora Belas Letras Ltda.
Rua Antônio Corsetti, 221 – Bairro Cinquentenário
CEP 95012-080 – Caxias do Sul – RS
www.belasletras.com.br

Dados Internacionais de Catalogação na Fonte (CIP)
Biblioteca Pública Municipal Dr. Demetrio Niederauer
Caxias do Sul, RS

M625f Mickelson, Kara
   Friends : o livro de receitas oficial do Central Perk / Kara Mickelson ; tradução: Adriana Krainski. - Caxias do Sul, RS : Belas Letras, 2021.
   172 p.

  Título original: Friends: The Official Central Perk Cookbook

  ISBN: 978-65-5537-155-0
  ISBN: 978-65-5537-154-3

  1. Gastronomia. 2. Receitas culinárias. 3. Friends (Programa de televisão). I. Krainski, Adriana. II. Título.

21/87   CDU 641.55

Catalogação elaborada por Vanessa Pinent, CRB-10/1297